CREDAF

Casgliad byr o Gredoau
a Chatecismau Cristnogol

CREDO'R APOSTOLION
CREDO NICEA
CREDO ATHANASIWS
CATECISM HEIDELBERG
CATECISM BYRRAF WESTMINSTER
HYFFORDDWR THOMAS CHARLES

EIFION JONES (GOL.)

CYHOEDDIADAU'R
GAIR

Credaf: Casgliad byr o Gredoau a Chatecismau Cristnogol
© 2020 Cyhoeddiadau'r Gair

Hawlfraint y Testun © Eifion Jones

Golygydd Cyffredinol: Aled Davies
Cynllun y clawr a chysodi: Rhys Llwyd

Argraffwyd yn yr Undeb Ewropeaidd.

Cyhoeddwyd gan:
Cyhoeddiadau'r Gair
Ael y Bryn, Chwilog,
Pwllheli, Gwynedd
LL53 6SH.
www.ysgolsul.com

RHAGAIR

Nid oes gan y fersiynau o'r Credoau a'r Catecismau a geir yn y llyfr hwn ddim awdurdod eglwysig o gwbl, wrth gwrs. Fy nghyfieithiadau, a'm diweddariadau i sydd yma, ac arnaf fi mae'r bai am unrhyw wall a geir ynddynt.

Mae'r Credoau i'w cael mewn nifer fawr o ffurfiau a chyfieithiadau mewn print ac ar y We, gan gynnwys fersiynau yn y Gymraeg. Ar gyfer y fersiynau a geir yma, defnyddiais gopi o'r Llyfr Gweddi Cyffredin (argraffiad 1926) yn sylfaen, gan eu cymharu â fersiynau eraill, a cheisio diweddaru eu hiaith.

Yn yr un modd, ceir nifer o gyfieithiadau Saesneg o Gatecism Heidelberg. Fy mhrif ffrwd oedd y fersiwn a geir yn *The Three Forms of Unity (Solid Ground Christian Books)*, a gyhoeddwyd yn 2012, ond cymherais y fersiwn honno gyda fersiynau swyddogol enwadau sy'n cyffesi'r Catecism hefyd.

Ymddangosodd cyfieithiad hwylus Euros Wyn Jones o *Gatecism Byrraf Cymanfa Westminster mewn Cymraeg Cyfoes* rhai blynyddoedd yn ôl. Er i mi droi ato a chael cymorth ganddo, nid y cyfieithiad hwnnw a geir yma. Ymddengys i'r cyfieithiad hwnnw ddefnyddio fersiwn wreiddiol Saesneg wahanol i'r un a ddefnyddiais i (y *Shorter Catechism in Modern English*, o bosib?)

Gyda'r Hyfforddwr, dim ond diweddaru'r iaith oedd y bwriad, a defnyddio Beibl Cymraeg Newydd Diwygiedig yn sail i'r dyfyniadau Ysgrythurol (heblaw'r cyfeiriadau hynny ble roedd cyfieithiad William Morgan yn cefnogi safbwynt Charles yn gryfach).

Mae fy niddordeb mewn catecismau yn mynd yn ôl i gyfnod fy mhlentyndod a darllen Hyfforddwr Charles yn yr Ysgol Sul o dan arweiniad fy nhad. Wrth fynd trwy'r catecismau a geir yma gyda fy mhlant fy hun dechreuais weld yn gynyddol eu defnyddioldeb, eu gwerth a'u grym. Mae fy niolch i'm teulu'n fawr felly. Yn fwyaf arbennig, rwyf am ddiolch i'm gwraig, Christina, am ei chariad a'i chefnogaeth ar hyd y blynyddoedd, ac fe gyflwynir y llyfr yma iddi hi.

CYNNWYS

CYFLWYNIAD

Credo, ergo confiteor
Credaf, felly cyffesaf

Cyffes ffydd at ddefnydd cyhoeddus yw credo.[1] Datganiad awdurdodedig o erthyglau cred yw, a'r erthyglau hynny'n rhai sy'n cael eu hystyried gan yr awduron fel rhai sy'n angenrheidiol i iachawdwriaeth, neu o leiaf yn fuddiol i'r Eglwys Gristnogol.

Ymateb i Air Duw yw credo, ac esboniad ohono. Oherwydd hynny, rhaid i gredo ddefnyddio geiriau gwahanol i'r rhai a geir yn y Beibl er mwyn datgan ei ddealltwriaeth o'r gwirioneddau Ysgrythurol. Ni fyddai cadwyn o adnodau Beiblaidd yn gredo am na fyddai'n ddim mwy nag atgynhyrchiad o'r hyn sydd i'w esbonio.

Datganiad awdurdodedig, awdurdodol yw credo, ond pa fath o awdurdod sydd ganddo? Unig awdurdod *anffaeledig* Protestaniaeth yw Gair Duw, wrth gwrs. Tra cyffesai Eglwys Rufain dwy ffrwd o awdurdod – eglwys ac Ysgrythur – cyffesai'r eglwysi Protestannaidd mai'r Ysgrythur yn unig oedd yr awdurdod pennaf. Yn y cyffesion Protestannaidd eu hunain, mae'r eglwys yn datgan na all yr un awdurdod arall gystadlu â Gair Duw. Nid oes gan yr un ddogfen ddynol,

---

1 Daw llawer o'r wybodaeth sydd yn y Cyflwyniad yma o Philip Schaff, *Creeds of Christendom, with a History and Critical notes. Volume I. The History of Creeds*, (Grand Rapids: Baker Book House, 1990)

waeth pa mor hynafol, neu uchel ei pharch, yr un awdurdod â'r Ysgrythur.

Eto i gyd, mae gan y credoau awdurdod. Mae ganddynt awdurdod eglwysig, yn hytrach nag awdurdod dwyfol yr Ysgrythur. Mae eu hawdurdod yn gymharol, hynny yw, yn is-raddol i awdurdod absoliwt y Beibl, ac mae eu hawdurdod yn ffaeledig yn hytrach nag yn anffaeledig fel yr Ysgrythur.

Hyd yn oed ar ei orau, esboniad lled gywir o wirionedd datguddiedig yw credo, un y gellid ei wella gyda mwy o wybodaeth, tra bod y Beibl yn parhau'n berffaith ac yn anffaeledig. A phe ddarganfyddid bod angen ei gywiro i ddod yn ffyddlonach i Air Duw, gellid ei ddiwygio trwy ddilyn y broses briodol.

Mae cyhoeddi'r hyn a gredwn yn hen ymarfer o fewn Cristnogaeth. Hyd yn oed yn amser yr Hen Destament roedd yn arferiad i'r Hebreaid gadarnhau eu cred mewn un Duw'n unig drwy adrodd y *shema*, sef y gyffes a geir yn Deuteronomium 6:4 ac a elwir ar ôl y gair Hebraeg cyntaf ynddi:

> *Gwrando, O Israel: Y mae'r ARGLWYDD ein Duw yn un ARGLWYDD.*

Yn y Testament Newydd cawn fod yr Iesu'n mynnu bod ei ddisgyblion yn ei gyffesu'n gyhoeddus:

> *Pwy bynnag gan hynny a'm cyffeso i yng ngŵydd dynion, minnau a'i cyffesaf yntau yng ngŵydd fy Nhad yr hwn sydd yn y nefoedd: A phwy bynnag a'm gwado i yng ngŵydd dynion, minnau a'i gwadaf yntau yng ngŵydd fy Nhad yr hwn sydd yn y nefoedd.* (Mathew 10:32–33 (BWM))

Ceir enghreifftiau o gyffesion cyhoeddus mewn mwy nag un lle yn y Testament Newydd, ac mae'r Apostol Paul yn dyfynnu mwy nag un gyffes a ddefnyddid yn yr eglwysi:

> *Traddodais i chwi yr hyn a dderbyniais:*
> *i Grist farw dros ein pechodau ni,*
> *yn ôl yr Ysgrythurau;*
> *iddo gael ei gladdu,*
> *a'i gyfodi y trydydd dydd,*
> *yn ôl yr Ysgrythurau;*
> *ac iddo ymddangos i Ceffas,*
> *ac yna i'r Deuddeg.* (1 Corinthiaid 15:3-5)

ac eto:

> A *rhaid inni'n unfryd gyffesu mai mawr yw dirgelwch ein crefydd:*
> *"Ei amlygu ef mewn cnawd,*
> *ei gyfiawnhau yn yr ysbryd,*
> *ei weld gan angylion,*
> *ei bregethu i'r Cenhedloedd,*
> *ei gredu drwy'r byd,*
> *ei ddyrchafu mewn gogoniant."* (1 Timotheus 3:16)

Mae'r cyffesion yma'n ddatganiadau byr ond maent yn cyffwrdd ag agweddau allweddol o'r ffydd Gristnogol: bod Duw'n un; mai Duw'r Mab a wisgodd cnawd yw Iesu; mai Efe yw'r Arglwydd a'r Gwaredwr a fu farw trosom, ac a atgyfodwyd ac a esgynnodd drwy'r Ysbryd Glân, yn ôl yr Ysgrythurau; a'n bod wedi'n huno ag ef trwy ras yn unig, trwy ffydd yn unig. Mae Paul yn galw'r fformwlâu hyn yn "air i'w gredu, sy'n teilyngu derbyniad llwyr" (gweler 1 Tim. 1:15; 3:1; 4:9; 2 Tim. 2:11; Titus 3:8).

Cymhellodd yr Apostol Paul ei hun i'r credinwyr yn Rhufain gyffesu'r Arglwydd Iesu:

> *Os cyffesi Iesu yn Arglwydd â'th enau, a chredu yn dy galon fod Duw wedi ei gyfodi ef oddi wrth y meirw, cei dy achub.* (Rhufeiniaid 10:9)

Datganiadau lleol yn unig oedd y credoau Cristnogol cynharaf. Byddai esgobion nodedig mewn dinasoedd mawr yn hybu eu cyffesion a'u credoau eu hunain, gyda'r eglwys yn Rhufain yn flaenllaw yn hyn, yn rhinwedd ei bri fel yr eglwys ym mhrifddinas yr ymerodraeth. Erbyn ail hanner y bedwaredd ganrif roedd un credo Rhufeinig arbennig wedi cael ei dderbyn yn gyffredinol yn y Gorllewin. Daeth y credo yma i'w adnabod fel *Credo'r Apostolion*, er nad yr Apostolion a'i hysgrifennodd. Credo'r Apostolion yw'r datganiad mwyaf poblogaidd o ffydd yn eglwysi Rhufeinig a Phrotestannaidd y Gorllewin o hyd.

Ychydig o ddiddordeb a ddangosai Cristnogion yr Eglwys Orllewinol – fel eu rhagflaenwyr Hebraeg – mewn chwilio i agweddau dirgel cred. Roedd Cristnogion yr Eglwys Ddwyreiniol (Roegaidd), fodd bynnag, yn fwy parod i ddadansoddi'r athrawiaethau mwy dirgel a chyfrin yn drylwyr. Arweiniodd hyn at ddadleuon, gan orfodi'r eglwys i gynhyrchu datganiadau terfynol, diffiniol, am faterion dadleuol. Erbyn y bedwaredd ganrif, y ddadl bwysicaf o'r fath oedd Person Crist. Pan wadodd Arius o Alexandria (tua 260–336) fabolaeth hanfodol a thragwyddol Iesu Grist, ceryddodd yr eglwys ef a'i ddilynwyr trwy gyhoeddi *Credo Nicea* fel datganiad diamwys fod Crist yn gwbl Dduw ac yn gwbl ddyn. Condemniodd Cyngor Nicea (325) Ariaeth fel heresi. Yn

381 ail-gadarnhaodd Cyngor Caergystennin benderfyniad Nicea ac ymateb i wallau Cristolegol diweddarach yn ogystal. Daeth Credo Nicea-Caergystennin yn ddatganiad swyddogol eglwys y Dwyrain ac mae'n parhau i gael ei ddefnyddio yno'n aml. Gan mai Credo Nicea oedd y gyffes gyntaf o'r fath a awdurdodwyd gan gyngor eciwmenaidd o esgobion, cafodd ei dderbyn ar draws Byd Cred. Pe bai'r eglwys hynafol wedi caniatáu i heresïau fel Ariaeth fynd heb eu hateb, byddai'r difrod i'r Ffydd wedi bod yn aruthrol. Roedd yr argyfwng yn gofyn am gyffes glir a diffiniol.

Y trydydd credo hynafol o fri yw *Credo Athanasiws*. Er nad gwaith Athanasiws (293-373) ei hun mohono, mae'n cadarnhau'r athrawiaeth a amddiffynnodd ef yng Nghyngor Nicea. Tarddodd Credo Athanasiws rywbryd tua'r bumed neu'r chweched ganrif, efallai yng Ngâl, fel amddiffyniad cadarn o'r Drindod ac o ymgnawdoliad Crist mewn termau manwl gywir - yn fwy manwl gywir na rhai Credo'r Apostolion a Chredo Nicea. Mae Credo Athanasiws, yn fwy nag unrhyw gyffes flaenorol, yn ddogfen bolemig. Mae'n dadlau fod cred yn athrawiaeth uniongred y Drindod a'r ymgnawdoliad yn angenrheidiol i iachawdwriaeth, ac mae'n cyhoeddi damnedigaeth ar y rhai sy'n dysgu fel arall.

Gallwn weld o'r hanes yma mai gwrthbrofi gwallau wrth iddynt godi sydd wedi gyrru'r cywirdeb cynyddol hwn o athrawiaeth i raddau pell iawn. Ar y dechrau roedd argyhoeddiadau'r eglwys ynglŷn â rhyw bwynt o athrawiaeth yn oblygedig cyn cael eu datgan a'u disgrifio'n eglur. Ni chawsant, yn wreiddiol, eu diffinio'n ofalus; fe'u tybiwyd yn hytrach na'u datgan yn benodol. Ond wrth i ryw ddysgeidiaeth newydd gael ei hybu, myfyriodd yr eglwys ar y mater, gan gymharu'r ddysgeidiaeth newydd â'r Beibl. Wrth wneud hyn fe ddaethant i'r casgliad fod y ddysgeidiaeth newydd yn groes i'r Beibl. Nodasant yn union beth yw'r gwir ddysgeidiaeth Feiblaidd ar y pwynt gan wahaniaethu â'r ddysgeidiaeth newydd. Ac felly cafodd athrawiaeth bwysig ei hynganu'n glir mewn Credo Cristnogol awdurdodedig.

Mae'r dull hwn o ddatblygiad athrawiaethol, wrth gwrs, yn gwbl naturiol. Nid yw'n bosibl nodi'n glir yr hyn *yw* rhywbeth heb ei osod mewn gwrthgyferbyniad â'r hyn *nad ydyw*. Cred arwynebol yw honno sy'n dweud y dylai'r eglwys wneud ei haddysgu'n gadarnhaol ac nid yn negyddol – y dylid osgoi pob dadlau ac y dylid arddel gwirionedd heb ymosod ar gyfeiliornad. Y ffaith syml yw na ellir arddel gwirionedd mewn unrhyw ffordd o'r fath. Dim ond pan fydd yn cael ei wrthgyferbynnu'n eglur â gwall y gellir cynnal gwirionedd. Nid yw'n syndod felly, bod credoau mawr yr eglwys wedi'u geni mewn dadleuon diwinyddol.

Mae Catecism Heidelberg yn enghraifft berffaith o hyn gan iddo gael ei gomisiynu i ddatgan ac egluro'n eglur safbwynt y rhai hynny oedd am ddiwygio'r Eglwys Gatholig fel yr oedd hi ar y pryd. Roeddynt am ddatgan eu safbwynt hwy fel Catholigion Diwygiedig o'i gymharu â dehongliad Catholigion Rhufeinig. Er eu bod yn cytuno gyda safbwynt Eglwys Rufain ar lawer – Person a phriodoleddau Duw, y Drindod, Person Crist, er enghraifft – roeddynt yn anghytuno â llawer hefyd; yn benodol, awdurdod y Beibl, sut mae dod yn iawn â Duw (cyfiawnhad trwy ffydd yn unig, ar sail gwaith Crist yn unig), y sacramentau ac eglwysyddiaeth. Ac roedd y materion yma'n bwysig – yn ddigon pwysig i frwydro drostynt.

Serch hynny, yr oedd y Diwygwyr ar yr un pryd yn awyddus iawn i ddangos bod eu dysgeidiaeth nhw'n cydsynio â dysgeidiaeth y Testament Newydd a'r Tadau Eglwysig, ac mai Eglwys Rufain oedd wedi mynd ar gyfeiliorn. Mae Catecism Heidelberg, er enghraifft, yn dyfynnu Credo'r Apostolion ac yn ei esbonio. (Gellid dadlau bod Hyfforddwr Charles yn gwneud yr un peth, a bod y catecism hwnnw ar ei hyd yn esboniad o Gredo'r Apostolion, gan ei fod yn dilyn yr un drefn - Duw, Crist a'i waith, yr Ysbryd a'i waith, yr Eglwys, yr Atgyfodiad a'r Farn - â'r Credo.) Nid yw Protestaniaid erioed wedi ystyried eu credoau'n rhai newydd, arloesol, ond yn hytrach yn ail-ddarganfyddiad o'r Ffydd wreiddiol - ac mae'r credoau, y cyffesion a'r catecismau yn tystio i hynny.

Ar draws y canrifoedd mae'r Eglwys wedi ystyried credoau'n bethau gwerthfawr iawn. Crynodebau o athrawiaethau'r Beibl ydynt, ac maent yn gymorth i ddeall yr athrawiaethau hynny'n gadarn. Maent yn fodd i gredinwyr ddatgan a chyhoeddi'n eglur a hyderus yr hyn y maent yn ei gredu mewn modd mwy cywir a chroyw nag y gallent wneud eu hunain. Maent yn rhwymo'u proffeswyr mewn undeb â'i gilydd, yn dysgu safonau byw cyhoeddus iddynt, ac yn eu gwarchod rhag athrawiaethau ac ymarferion cyfeiliornus. Mae catecismau yn ddull arbennig o ddefnyddiol i ddysgu a chyfarwyddo plant, ac i hybu addysg Gristnogol gadarn a sylweddol.

Yn sicr, gellir cam-ddefnyddio credoau a chatecismau mewn ffordd sy'n tanseilio awdurdod a safbwynt yr Ysgrythur. Serch hynny, fe all, ac fe ddylai credoau a chatecismau gyflawni swyddogaeth ddefnyddiol ym mywyd yr eglwys ac ym mywydau credinwyr unigol.

Y gwir yw, nid oes y fath beth â Christion heb gredo. Mae hyd yn oed datganiad gan berson nad oes ganddo "ddim credo ond y Beibl" *yn gredo*. Mae ei ddatganiad yn tanseilio ei gred honedig ei hun. Mae gan bawb gredo. Mae'n ffaith anorfod: mae pawb yn credu rhywbeth. Yr unig wahaniaeth yw bod rhai Cristnogion yn cydnabod hynny, ac yn cyffesi credoau sydd wedi eu profi gan yr eglwys dros y canrifoedd.

Mae credoau a chyffesion yr eglwys yn ein cysylltu gydag eglwys y gorffennol. Nid oes angen i ni ailddyfeisio Cristnogaeth bob dydd Sul, ac fel Cristnogion gallwn uniaethu'n fwriadol gyda'r holl frodyr a chwiorydd sy'n cyd-addoli gyda ni ar y pryd, a gyda'r holl gredinwyr sydd wedi mynd o'n blaen ni.

Mae Protestaniaid, wrth gwrs, yn ymfalchïo yn y ffaith bod gan bob credadun yr hawl i ddarllen yr Ysgrythurau a bod ganddo fynediad uniongyrchol at Dduw yng Nghrist; eto i gyd, dylem gydnabod hefyd fod Cristnogaeth yn grefydd *gorfforaethol* yn anad dim. Ffordd Duw o weithio mewn hanes yw'r eglwys - i'r ddau neu dri'n cyfarfod yn enw'r Iesu y rhoddwyd yr addewid y byddai yn y canol. Mae'r credoau a chatecismau'n datgan gwirioneddau oesol - gwirioneddau sydd wedi eu trosglwyddo o genhedlaeth i genhedlaeth, gwirioneddau nad ydynt wedi newid, nac yn newid. Maent yn berthnasol er gwaethaf eu hoed, yn wir maent yn berthnasol oherwydd hynny - maent yn cofnodi gwirioneddau'r un gwir Ffydd a roddwyd unwaith i'r saint (Jwdas 3).

Eifion Jones
Ffestiniog, Mai 2020

CREDO'R APOSTOLION

Daw'r enw, *Credo'r Apostolion*, o'r ffaith ei fod yn crynhoi hanfodion cynnwys y ffydd apostolaidd ac yn datgan athrawiaethau sylfaenol yr apostolion fel y'u ceir yn y Testament Newydd.

Credir iddo gael ei gyfansoddi'n wreiddiol yn yr ail ganrif ar gyfer dysgu sylfeini'r Ffydd i'r rhai hynny oedd yn paratoi i gael eu bedyddio. Datblygodd dros nifer o ganrifoedd yn yr Eglwys Orllewinol ac mae'n debyg iddo gyrraedd ei ffurf derfynol tua'r chweched ganrif. Câi ei ddefnyddio'n aml fel arweiniad i'r pynciau hynny a ystyrid yn angenrheidiol ar gyfer iachawdwriaeth, ac fel amddiffyniad yn erbyn sawl heresi.

Mae ganddo fframwaith Drindodaidd, ac mae'r Credo'n datgan gwaith achubol y Tri yn Un Duw, gan bwysleisio gwaith cyfryngol yr Arglwydd Iesu. Gellid galw'r Credo hwn, yn fwy na'r un ddogfen arall, yn gyffes eciwmenaidd, oherwydd y Credo hwn, yn anad yr un arall, a ddefnyddid fwyaf yn yr Eglwys Orllewinol.

CREDO'R APOSTOLION

Credaf yn Nuw y Tad, Hollalluog,
    creawdwr nef a daear;

Ac yn Iesu Grist, ei unig-anedig Fab, ein Harglwydd;
    a genhedlwyd gan yr Ysbryd Glân,
    a aned o'r forwyn Mair;
    a ddioddefodd dan Pontius Pilat;
    a groeshoeliwyd,
    a fu farw,
    ac a gladdwyd;
    a ddisgynnodd i uffern;
    Y trydydd dydd cyfododd o feirw,
    esgynnodd i'r nef,
    ac y mae'n eistedd ar ddeheulaw Dduw Dad hollalluog;
    Oddi yno daw i farnu'r byw a'r meirw.

Credaf yn yr Ysbryd Glân;
    yr eglwys lân Gatholig;
    cymundeb y saint;
    maddeuant pechodau;
    atgyfodiad y corff,
    a'r bywyd tragwyddol. Amen.

CREDO NICEA

Datganiad o'r Ffydd uniongred gan yr Eglwys gynnar yn erbyn rhai heresïau, yn enwedig Ariaeth, yw Credo Nicea. Datblygodd yr heresïau yma yn ystod y bedwaredd a'r bumed ganrif ac yr oeddynt yn ymwneud ag athrawiaeth y Drindod a Pherson Crist. O ganlyniad, mae Credo Nicea yn cynnwys disgrifiad manylach o ddwyfoldeb yr Iesu a'r Ysbryd Glân nag y gwna Credo'r Apostolion.

Yr oedd yr Eglwys Roegaidd (Dwyreiniol) a'r Eglwys Ladin (Gorllewinol) yn cydnabod y Credo hwn, ond datblygodd rhwyg wrth i'r Eglwys Orllewinol fynnu ychwanegu'r ymadrodd, "a'r Mab" (*filioque*) i'r erthygl oedd yn datgan fod yr Ysbryd Glân yn "deillio o'r Tad". Gwrthododd yr Eglwys Ddwyreiniol dderbyn y cymal, gan ddal at yr athrawiaeth i'r Ysbryd ddeillio o'r Tad yn unig, ac yn y pen draw daeth yr anghydweld yma'n brif reswm am y gwahanu rhwng yr Eglwysi ym 1054.

Mae'r fersiwn o'r Credo a ddefnyddir heddiw yn wahanol i'r un a gyhoeddwyd gan Gyngor Nicea yn 325. Mae gwreiddiau'r Credo presennol yn deillio o'r Cyngor hwnnw, ond gwnaethpwyd newidiadau ac ychwanegiadau pwysig gan Gyngor Caergystennin yn 381. (Dyma pam y gelwir y Credo hwn y *Credo Niceaidd-Caergystennaidd* weithiau.) Cafodd fersiwn bresennol y Credo ei dderbyn yn ddatganiad awdurdodedig gan Gyngor Chalcedon yn 451, ond ni chafodd y cymal *filioque* ei ychwanegu'n swyddogol tan Synod Toledo yn 589.

Fersiwn y Credo fel y'i derbyniwyd yn 325 a'i ehangu yng Nghaergystennin yn 381 a geir yma, gyda'r diweddariadau mewn llythrennau italaidd.

CREDO NICEA

Credaf yn un Duw,
    y Tad Hollalluog,
    Gwneuthurwr *nef a daear,*
    a phob peth gweledig ac anweledig.

Ac yn un Arglwydd Iesu Grist,
    unig-genedledig Fab Duw,
    wedi ei genhedlu o'r Tad *cyn pob byd*;
        Duw o Dduw,
        Golau o olau,
        gwir Dduw o wir Dduw;
    wedi ei genhedlu, nid ei wneud,
    o'r un hanfod â'r Tad,
    trwy'r hwn y gwnaethpwyd pob peth.
    Yr hwn, ar ein cyfer ni ac er mwyn ein hiachawdwriaeth,
        a ddisgynnodd *o'r nef,*
        a ymgnawdolwyd *gan yr Ysbryd Glân o'r Forwyn Fair,*
        ac a wnaethpwyd yn ddyn;
        croeshoeliwyd trosom o dan Pontius Pilat;
        dioddefodd, *ac fe'i claddwyd*;

a'r trydydd dydd atgyfododd, *yn ôl yr Ysgrythurau*;
ac esgynnodd i'r nef,
ac mae'n eistedd ar law dde y Tad; ac fe ddaw *eto*,
gyda gogoniant,
i farnu'r byw a'r meirw;
i deyrnas heb ddiwedd iddi.

A chredaf yn yr Ysbryd Glân,
Arglwydd a Rhoddwr bywyd;
sy'n deillio o'r Tad a'r Mab;
yr hwn gyda'r Tad a'r Mab a addolir ac a ogoneddir;
a lefarodd trwy'r proffwydi.
Credaf un Eglwys sanctaidd gatholig ac apostolaidd.
Cydnabyddaf un bedydd ar gyfer maddeuant pechodau;
ac edrychaf am atgyfodiad y meirw,
ac am fywyd y byd i ddod. Amen.

CREDO ATHANASIWS

Credo Athanasiws yw'r trydydd Credo eciwmenaidd mawr a ddefnyddir yn gyffredin ar draws yr Eglwys Orllewinol. Daw'r enw o'r diwinydd mawr, Athanasiws (293-373), amddiffynnydd ffyddlon a dewr o'r athrawiaethau uniongred am y Drindod a dwyfoldeb Crist. Nid Athanasiws a ysgrifennodd y Credo, ond cafodd ei enw ei briodoli i'r ddogfen am ganrifoedd ac mae'r enw wedi parhau. Daw o'r bumed neu ddechrau'r chweched ganrif yn wreiddiol, ond ni chyrhaeddodd ei ffurf derfynol tan yr wythfed ganrif.

Mae'r Credo yn dechrau ac yn gorffen gyda datganiadau fod credu'r gwirioneddau a gynhwysid yn y Credo yn angenrheidiol i iachawdwriaeth. Gellid rhannu'r rhan fwyaf o'r Credo i ddwy adran. Mae'r cyntaf yn gosod allan athrawiaeth uniongred y Drindod (3-28), ac mae'r ail yn trafod yr ymgnawdoliad ac undeb dwy natur Crist mewn un person yn bennaf (29-43).

Mae Credo Athanasiws yn fwy eglur na Chredo'r Apostolion a Chredo Nicea, ac mae'n ddisgrifiad ardderchog o athrawiaeth Drindodaidd a Christolegol.

CREDO ATHANASIWS

(1) Pwy bynnag sydd am fod yn gadwedig, cyn pob dim rhaid iddo arddel y ffydd gatholig.

(2) Yr hon Ffydd, oni cheidw un hi'n gyfan ac yn bur, collir ef yn dragywydd yn ddiamheuol.

(3) A hon yw'r ffydd gatholig: bod i ni addoli un Duw yn Drindod, a'r Drindod yn Undod;

   (4) heb gymysgu'r Personau, na gwahanu'r sylwedd.

   (5) Canys y mae un Person i'r Tad, arall i'r Mab, ac arall i'r Ysbryd Glân.

   (6) Eithr Duwdod y Tad, y Mab, a'r Ysbryd Glân, sydd un, yn gydradd mewn gogoniant a'r mawrhydi'n ogyd-dragwyddol.

(7) Fel y mae'r Tad, felly'r Mab, ac felly'r Ysbryd Glân.

   (8) Y Tad yn anghreuedig, y Mab yn anghreuedig, yr Ysbryd Glân yn anghreuedig.

   (9) Y Tad yn ddiamgyffred, y Mab yn ddiamgyffred, yr Ysbryd Glân yn ddiamgyffred.

   (10) Y Tad yn dragwyddol, y Mab yn dragwyddol, yr Ysbryd Glân yn dragwyddol.

   (11) Ac eto nid tri o dragwyddolion ydynt, ond un Tragwyddol.

   (12) Ac fel nad tri o anghreuedigion, na thri o ddiamgyffredion ydynt, ond un Anghreuedig, ac un Diamgyffred.

(13) Felly hefyd, mae'r Tad yn Hollalluog, mae'r Mab yn Hollalluog, ac mae'r Ysbryd Glân yn Hollalluog.

(14) Ac eto nid tri o hollalluogion ydynt, ond un Hollalluog.

(15) Felly mae'r Tad yn Dduw, mae'r Mab yn Dduw ac mae'r Ysbryd Glân yn Dduw.

(16) Ac eto nid tri o dduwiau ydynt, ond un Duw.

(17) Felly hefyd mae'r Tad yn Arglwydd, mae'r Mab yn Arglwydd, ac mae'r Ysbryd Glân yn Arglwydd.

(18) Ac eto nid tri o arglwyddi ydynt, ond un Arglwydd.

(19) Canys fel y'n cymhellir gan y gwirionedd Cristnogol i gyffesu fod pob Person ohono ei hun yn Dduw ac yn Arglwydd;

(20) felly hefyd y'n gwaherddir gan y grefydd gatholig i ddweud bod tri duw neu dri arglwydd.

(21) Y Tad ni wnaethpwyd gan neb, nis crëwyd, ac nis cenhedlwyd.

(22) Y Mab sydd o'r Tad yn unig heb ei wneuthur, na'i greu, ond wedi ei genhedlu.

(23) Yr Ysbryd Glân sydd o'r Tad a'r Mab, heb ei wneuthur, na'i greu, na'i genhedlu, ond yn deillio.

(24) Felly, un Tad sydd, nid tri thad; un Mab, nid tri mab; un Ysbryd Glân, nid tri ysbryd glân.

(25) Ac yn y Drindod hon, nid oes un cyn neu ar ôl arall; nid oes un mwy na llai na'i gilydd;

(26) ond mae'r tri Pherson yn gydradd dragwyddol a gogyfuwch.

(27) Ac felly ym mhob peth, fel y dywedwyd uchod, yr Undod yn y Drindod a'r Drindod yn yr Undod sydd i'w haddoli.

(28) Pwy bynnag felly sydd am fod yn gadwedig, synied felly o'r Drindod.

(29) Y mae hefyd yn angenrheidiol, er iachawdwriaeth dragwyddol i gredu'n ffyddlon am ymgnawdoliad ein Harglwydd Iesu Grist.

(30) Canys yr iawn ffydd yw credu a chyffesu fod ein Harglwydd ni Iesu Grist, Fab Duw, yn Dduw ac yn Ddyn;

    (31) Duw, o sylwedd y Tad, wedi ei genhedlu cyn yr oesoedd; a Dyn, o sylwedd ei fam, wedi ei eni yn y byd;

    (32) perffaith Dduw, a pherffaith Ddyn, yn bodoli o enaid rhesymol a chnawd dynol.

    (33) Cydradd â'r Tad yn ei Dduwdod; a llai na'r Tad yn ei Ddyndod;

    (34) yr hwn, er ei fod yn Dduw ac yn ddyn, er hynny nid dau, ond un Crist ydyw;

    (35) un, nid trwy drawsnewid y Duwdod yn gnawd ond gan gymryd y dyndod at Dduw;

    (36) un i gyd oll; nid gan gymysgu'r sylwedd, ond trwy undod person.

(37) Canys fel y mae yr enaid rhesymol a'r cnawd yn un dyn, felly Duw a Dyn sydd un Crist:

(38) yr hwn a ddioddefodd er ein hiachawdwriaeth, a ddisgynnodd i uffern, a gyfododd y trydydd dydd o feirw.

(39) Esgynnodd i'r nefoedd, ac y mae yn eistedd ar ddeheulaw'r Tad, Duw Hollalluog,

(40) o ba le y daw i farnu'r byw a'r meirw.

(41) Ac ar ei ddyfodiad bydd pawb yn codi yn eu cyrff eu hunain

(42) ac a roddant gyfrif am eu gweithredoedd priod.

(43) A'r rhai a wnaethant dda, a ânt i'r bywyd tragwyddol; a'r rhai a wnaethant ddrwg i'r tân tragwyddol.

(44) Hon yw y ffydd gatholig; pwy bynnag nad yw'n ei chredu'n ffyddlon, ni all fod yn gadwedig.

CATECISM HEIDELBERG

Cyhoeddwyd Catecism Heidelberg gyntaf ym 1563. Fe'i hysgrifennwyd gan Zacharius Ursinus (1534-83) a Caspar Olevianus (1536-1585).

Mae Catecism Heidelberg yn dilyn trefn yr Epistol at y Rhufeiniaid, ac mae wedi'i rannu'n dair rhan. Mae'r ddau gwestiwn cyntaf yn rhagarweiniol. Mae'r rhan gyntaf yn trin pechod a thrueni'r ddynoliaeth (cwestiynau 3-11; cymh. Rhuf. 1:18–3:20). Mae'r ail ran yn ymwneud â'r brynedigaeth sydd yng Nghrist (cwestiynau 12-85; cymh. Rhuf. 3:21–9:36), a'r trydydd â diolchgarwch y Cristion (cwestiynau 86-129; cymh. Rhuf. 12-16). Mae'r drefn hefyd yn cyfateb i ddatblygiad bywyd ysbrydol y Cristion ac o edifeirwch, ffydd a chariad.

Mae'r catecism wedi ei rannu'n 52 adran. Gwnaethpwyd hyn fel y gallai adran o'r catecism gael ei hesbonio'n wythnosol ar Ddydd yr Arglwydd i'r eglwysi. Wrth wneud hyn, wrth gwrs, byddai eglwys yn cwblhau'r catecism mewn blwyddyn.

Mae naws y Catecism yn dod i'r amlwg yn y cwestiwn cyntaf, gan ei fod yn cynnwys syniad canolog y catecism. Cawn ynddo Gristnogaeth gynnes, ymarferol, nid fel deddf orfodol, na chynllun deallusol, na system o ddefodau allanol, ond fel rhodd mawr Duw i'r ddynoliaeth, fel ffynhonnell heddwch a chysur mewn bywyd ac mewn marwolaeth. Yn wir, "beth allai fod yn fwy o gysur, ac ar yr un pryd yn fwy anrhydeddus ac ysgogol i fywyd sanctaidd, na'r sicrwydd ein bod yn eiddo llwyr i Grist ein Harglwydd a'n Gwaredwr bendigedig, a aberthodd ei fywyd pur ei hun drosom ar y groes? Ceir yr efengyl gyfan yn gryno yng nghwestiwn ac ateb cyntaf Catecism Heidelberg, a gwyn fyd yr un all ei adrodd o'i galon a'i arddel ar hyd ei oes."[2]

---

2 Philip Schaff, *Creeds of Christendom, with a History and Critical notes. Volume I. The History of Creeds*, tud. 541

CATECISM HEIDELBERG

CYFLWYNIAD
DYDD YR ARGLWYDD 1

1. *Beth yw d'unig gysur mewn bywyd a marwolaeth?*

Nad f'eiddo fy hun wyf,[3] ond eiddo fy Ngwaredwr ffyddlon Iesu Grist,[4] yn gorff ac enaid, mewn bywyd ac mewn marwolaeth;[5] yr hwn sydd wedi talu'n llawn am fy holl bechodau â'i werthfawr waed,[6] ac wedi fy rhyddhau o holl rym y diafol;[7] yr hwn hefyd sydd yn fy nghadw yn y fath fodd[8] fel na all, heb ewyllys fy Nhad nefol, yr un blewyn gwympo oddi ar fy mhen;[9] yn wir, bod yn rhaid i bob peth gydweithio er fy iachawdwriaeth;[10] ac felly, trwy ei Ysbryd Glân, mae hefyd yn fy sicrhau o fywyd tragwyddol[11] ac yn fy ngwneud yn wirioneddol ewyllysgar a pharod o hyn ymlaen i fyw iddo Ef.[12]

---

3 1 Cor. 6:19-20
4 1 Cor. 3:23; Titus 2:14
5 Rhuf. 14:7-9
6 1 Pedr. 1:18-19; 1 Ioan 1:7-9; 2:2
7 Ioan 8:34-36; Heb. 2:14-15; 1 Ioan 3:1-11
8 Ioan 6:39-40; 10:27-30; 2 Thes. 3:3; 1 Pedr 1:5
9 Math. 10:29-31; Luc 21:16-18
10 Rhuf. 8:28
11 Rhuf. 8:15-16; 2 Cor. 1:21-22; 5:5; Eff. 1:13-14
12 Rhuf. 8:1-17

2. *Beth mae'n rhaid i ti ei wybod i fyw a marw yn llawenydd y cysur hwn?*

    Tri pheth: yn gyntaf, pa mor fawr yw fy mhechod a'm trueni;[13] yn ail, sut y caf fy rhyddhau o'm holl bechodau a thrueni;[14] yn drydydd, sut yr wyf i ddiolch i Dduw am y fath iachawdwriaeth.[15]

RHAN 1: EIN TRUENI
DYDD YR ARGLWYDD 2

3. *Sut dôi di i wybod am dy gyflwr truenus?*

    Mae cyfraith Duw yn dweud wrthyf.[16]

4. *Beth mae cyfraith Duw yn ei ofyn gennym?*

    Mae Crist yn ein dysgu'n gryno yn Mathew 22:37-40 "'Câr yr Arglwydd dy Dduw â'th holl galon ac â'th holl enaid ac â'th holl feddwl.'[17] Dyma'r gorchymyn cyntaf a'r pwysicaf. Ac y mae'r ail yn debyg iddo: 'Câr dy gymydog fel ti dy hun.'"[18]

5. *A elli di gydymffurfio â hyn i gyd yn berffaith?*

    Na.[19] Mae gen i duedd naturiol i gasáu Duw a'm cymydog.[20]

---

13 Rhuf. 3:9-10; 1 Ioan 1:10
14 Ioan 17:3; Act. 4:12; 10:43
15 Math. 5:16; Rhuf. 6:13; Eff. 5:8-10; 2 Tim. 2:15; 1 Pedr 2:9-10
16 Rhuf. 3:20; 7:7-25
17 Deut. 6:5
18 Lef. 19:18
19 Rhuf. 3:9-20, 23; 1 Ioan 1:8, 10
20 Gen. 6:5; Jer. 17:9; Rhuf. 7:23-24; 8:7; Eff. 2:1-3; Titus 3:3

DYDD YR ARGLWYDD 3

6.   *A greodd Duw bobl, felly, mor ddrygionus a gwyrdroëdig â hyn?*

Naddo wir. Creodd Duw hwy'n dda[21] ac ar ei ddelw,[22] hynny yw, mewn gwir gyfiawnder a sancteiddrwydd,[23] fel y gallont wir adnabod Duw eu creawdwr,[24] ei garu â'u holl galon, a byw gydag Ef mewn llawenydd tragwyddol, i'w ganmol a'i ogoneddu.[25]

7.   *O ble daw'r natur ddynol lygredig yma felly?*

O gwymp ac anufudd-dod ein rhieni cyntaf, Adda ac Efa, ym Mharadwys;[26] o'r herwydd mae ein natur wedi ei llygru i'r fath graddau[27] nes y cawn ein cenhedlu a'n geni mewn pechod.[28]

8.   *A ydym ni felly mor llygredig fel ein bod yn gwbl analluog i wneud unrhyw beth da, ac yn tueddu tuag at bob drwg?*

Ydym,[29] oni chawn ein hail-eni gan Ysbryd Duw.[30]

---

21 Gen. 1:31
22 Gen. 1:26-27
23 Eff. 4:24
24 Col. 3:10
25 Salm 8
26 Gen. 3
27 Rhuf. 5:12, 18-19
28 Salm 51:5
29 Gen. 6:5; 8:21; Job 14:4; Es. 53:6
30 Ioan 3:3-5

DYDD YR ARGLWYDD 4

9. *Onid yw Duw yn gwneud anghyfiawnder yn ein herbyn trwy ofyn yn ei gyfraith yr hyn na allwn ei gyflawni?*

    Dim o gwbl, oherwydd creodd Duw ddyn gyda'r gallu i gadw'r gyfraith;[31] ond trwy gymhelliad y diafol,[32] ac anufudd-dod bwriadol,[33] amddifadodd ei hun a'i holl ddisgynyddion o'r rhoddion dwyfol hyn.[34]

10. *A fydd Duw'n caniatáu i'r fath anufudd-dod a gwrthryfel fynd heb ei gosbi?*

    Na fydd wir. Mae Duw'n ddig iawn am ein pechod gwreiddiol yn ogystal â'n pechodau gweithredol; a bydd yn eu cosbi mewn amser ac yn nhragwyddoldeb,[35] fel mae wedi datgan: "Melltith ar bob un nad yw'n cadw at bob peth sy'n ysgrifenedig yn llyfr y Gyfraith, a'i wneud!"[36]

11. *Ond onid yw Duw hefyd yn drugarog?*

    Yn wir, mae Duw yn drugarog[37] ond mae hefyd yn gyfiawn;[38] ac mae cyfiawnder Duw'n mynnu bod pechod, sydd wedi ei gyflawni yn erbyn mawredd ardderchocaf

---

31 Gen. 1:31; Eff. 4:24
32 Gen. 3:13; Ioan 8:44
33 Gen. 3:6
34 Rhuf. 5:12, 18, 19
35 Ex. 34:7; Salm 5:4-6; Nah. 1:2; Rhuf. 1:18; Eff. 5:6; Heb. 9:27
36 Gal. 3:10; Deut. 27:26
37 Ex. 34:6-7; Salm 103:8-9
38 Ex. 34:7; Deut. 7:9-11; Salm 5:4-6; Heb. 10:30-31

Duw, hefyd yn cael ei gosbi â'r gosb eithaf, sef cosb dragwyddol i gorff ac enaid.[39]

RHAN 2: EIN HACHUBIAETH
DYDD YR ARGLWYDD 5

12. *Gan ein bod felly, yn ôl dyfarniad cyfiawn Duw, yn haeddu cosb yn y byd hwn ac yn nhragwyddoldeb, oes modd i ni ddianc rhag y gosb hon, a chael ein derbyn yn ôl i'w ffafr?*

    Mae Duw'n mynnu bod ei gyfiawnder yn cael ei fodloni,[40] ac mae'n rhaid ei fodloni'n llawn, naill ai gennym ni neu gan un arall.[41]

13. *A allwn ni dalu'r ddyled hon ein hunain?*

    Na allwn wir. Mewn gwirionedd, rydym yn cynyddu'n dyled bob dydd.[42]

14. *A all unrhyw greadur arall dalu'r ddyled hon drosom ni?*

    Na all. Ni fydd Duw'n cosbi unrhyw greadur arall am yr hyn y mae dyn wedi'i gyflawni;[43] ac yn bellach, ni all yr un creadur ddal pwysau llid tragwyddol Duw yn erbyn pechod, a rhyddhau eraill ohono.[44]

---

39 Math. 25:35-46
40 Ex. 23:7; Rhuf. 2:1-11
41 Es. 53:11; Rhuf. 8:3-4
42 Math. 6:12; Rhuf. 2:4-5
43 Esec. 18:4, 20; Heb. 2:14-18
44 Salm 49:7-9; 130:3

15. *Am ba fath o gyfryngwr a gwaredwr y dylem edrych felly?*

Un sy'n ddyn gwirioneddol[45] a chyfiawn,[46] ac eto'n fwy nerthol na'r holl greaduriaid, hynny yw, un sydd hefyd yn wir Dduw.[47]

DYDD YR ARGLWYDD 6

16. *Pam bod yn rhaid i'r cyfryngwr fod yn wir ddyn ac yn berffaith gyfiawn?*

Mae cyfiawnder Duw yn mynnu bod yn rhaid i'r un natur ddynol a bechodd dalu am bechod;[48] ond ni all person pechadurus fyth dalu am eraill.[49]

17. *Pam bod yn rhaid i'r cyfryngwr fod yn wir Dduw hefyd?*

Fel y gallai'r cyfryngwr, trwy nerth ei Dduwdod, ddal holl bwysau llid Duw yn ei ddyndod, ac ennill ac adfer cyfiawnder a bywyd i ni.[50]

18. *Pwy yw'r cyfryngwr hwn - sy'n wir Dduw ac ar yr un pryd yn wir ddyn ac yn berffaith gyfiawn?*

Ein Harglwydd Iesu Grist,[51] "yr hwn a wnaed yn ddoethineb i ni oddi wrth Dduw, yn gyfiawnder a sancteiddhad a phrynedigaeth".[52]

---

45 Rhuf. 1:3; 1 Cor. 15:21; Heb. 2:17

46 Es. 53:9; 2 Cor. 5:21; Heb. 7:26

47 Es. 7:14; 9:6; Jer. 23:6; Ioan 1:1

48 Rhuf. 5:12, 15; 1 Cor. 15:21; Heb. 2:14-16

49 Heb. 7:26-27; 1 Pedr 3:18

50 Es. 53; Ioan 3:16; 2 Cor. 5:21

51 Math. 1:21-23; Luc 2:11; 1 Tim. 2:5

52 1 Cor. 1:30

19. *Sut dôi di i wybod hyn?*

Mae'r efengyl sanctaidd yn dweud wrthyf. Datguddiodd Duw ei efengyl yn gyntaf ym Mharadwys;[53] yna fe'i cyhoeddodd hi drwy'r tadau[54] a'r proffwydi,[55] ac mewn cysgodion trwy aberthau a seremonïau eraill y gyfraith;[56] ac, yn olaf, fe'i cyflawnodd trwy ei unig-anedig Fab ei hun.[57]

DYDD YR ARGLWYDD 7

20. *A fydd pawb, felly, yn cael eu hachub trwy Grist, fel y buont farw trwy Adda?*

Na. Dim ond y rhai sy'n cael eu himpio i mewn i Grist a derbyn ei holl fendithion trwy wir ffydd sy'n cael eu hachub.[58]

21. *Beth yw gwir ffydd?*

Nid yn unig gwybodaeth sicr lle rwy'n derbyn fel gwirionedd yr hyn oll y mae Duw wedi ei ddatguddio i ni yn ei Air;[59] ond hefyd hyder cadarn,[60] a gaiff ei greu ynof drwy'r efengyl[61] gan yr Ysbryd Glân,[62] bod Duw'n

---

53 Gen. 3:15
54 Gen. 22:18; 49:10
55 Es. 53; Jer. 23:5-6; Mic. 7:18-20; Act. 10:43; Heb. 1:1-2
56 Lef. 1-7; Ioan 5:46; Heb. 10:1-10
57 Rhuf. 10:4; Gal. 4:4-5; Col. 2:17
58 Math. 7:14; Ioan 3:16, 18, 36; Rhuf. 11:16-21
59 Ioan 17:3, 17; Heb. 11:1-3; Iago 2:19
60 Rhuf. 4:18-21; 5:1; 10:10; Heb. 4:14-16
61 Rhuf. 1:16; 10:17; 1 Cor. 1:21
62 Math. 16:15-17; Ioan 3:5; Act. 16:14

rhoi maddeuant pechodau, cyfiawnder tragwyddol a iachawdwriaeth,[63] nid yn unig i eraill ond i mi hefyd,[64] yn rhad, o'i ras pur, ar sail haeddiant Crist yn unig.[65]

22. *Beth, felly, sy'n rhaid i Gristion gredu?*

Popeth a addawyd i ni yn yr efengyl,[66] crynodeb a gawn yn erthyglau ein ffydd Gristnogol gatholig a chydnabyddedig.

23. *Beth yw'r erthyglau hyn?*

Credaf yn Nuw y Tad, Hollalluog,
    creawdwr nef a daear;
Ac yn Iesu Grist, ei unig-anedig Fab, ein Harglwydd;
    a genhedlwyd gan yr Ysbryd Glân,
    a aned o'r forwyn Mair;
    a ddioddefodd dan Pontius Pilat;
    a groeshoeliwyd, a fu farw, ac a gladdwyd;
    a ddisgynnodd i uffern;
    Y trydydd dydd cyfododd o feirw,
    esgynnodd i'r nef,
    ac y mae'n eistedd ar ddeheulaw Dduw Dad
    hollalluog;
    Oddi yno daw i farnu'r byw a'r meirw.
Credaf yn yr Ysbryd Glân;
    yr eglwys lân gatholig;

---

63 Rhuf. 1:17; Heb. 10:10
64 Gal. 2:20
65 Rhuf. 3:21-26; Gal. 2:16; Eff. 2:8-10
66 Math. 28:18-20; Ioan 20:30-31

cymundeb y saint;
maddeuant pechodau;
atgyfodiad y corff,
a'r bywyd tragwyddol. Amen.

DYDD YR ARGLWYDD 8

24. *Sut mae'r erthyglau hyn wedi'u rhannu?*

I dair rhan: Duw y Tad a'n creu; Duw y Mab a'n hachubiaeth; a'r Ysbryd Glân a'n sancteiddhad.

25. *Gan mai dim ond un Duw sydd,[67] pam wyt ti'n sôn am Dad, Mab, ac Ysbryd Glân?*

Am mai dyna sut mae Duw wedi ei ddatguddio'i hun yn ei Air:[68] bod y tri pherson gwahanol hyn yn un, gwir, tragwyddol Dduw.

Duw'r Tad
DYDD YR ARGLWYDD 9

26. *Beth wyt ti'n ei gredu pan rwyt yn dweud, "Credaf yn Nuw y Tad, Hollalluog, creawdwr nef a daear"?*

Credaf mai Tad tragwyddol ein Harglwydd Iesu Grist, yr hwn a greodd nef a daear a phopeth ynddynt o

---

67 Deut. 6:4; 1 Cor. 8:4, 6
68 Math. 3:16-17; 28:18-19; Luc 4:18 (Es. 61:1); Ioan 14:26; 15:26; 2 Cor. 13:14; Gal. 4:6; Tit. 3:5-6

ddim byd,[69] ac sy'n parhau i'w cynnal a'u rheoli yn ôl ei gyngor tragwyddol a'i ragluniaeth,[70] yw fy Nuw a'm Tad i er mwyn Crist ei Fab.[71] Rwy'n ymddiried ynddo gymaint fel nad wyf yn amau y bydd yn darparu beth bynnag fydd arnaf ei angen ar gyfer corff ac enaid,[72] a bydd yn troi i'm daioni pa bynnag anhawster y mae'n ei anfon ataf yn y byd hwn o dristwch.[73] Gall wneud hyn am ei fod yn Dduw hollalluog,[74] ac mae'n dymuno gwneud hyn am ei fod yn Dad ffyddlon.[75]

DYDD YR ARGLWYDD 10

27. *Beth wyt ti'n ei ddeall wrth ragluniaeth Duw?*

Nerth hollalluog a hollbresennol Duw,[76] trwy'r hwn mae'n cynnal ac yn rheoli, fel petai gyda'i law, nef, daear, a phob creadur;[77] fel y daw llysiau a glaswellt, glaw a sychder, blynyddoedd ffrwythlon a llwm, bwyd a diod, iechyd a salwch, cyfoeth a thlodi;[78] ie, y daw pob peth, nid ar hap,[79] ond o'i law tadol Ef.[80]

---

69 Gen. 1-2; Ex. 20:11; Salm 33:6; Es. 44:24; Act. 4:24; 14:15
70 Salm 104; Math. 6:30; 10:29; Eff. 1:11
71 Ioan 1:12-13; Rhuf. 8:15-16; Gal. 4:4-7; Eff. 1:5
72 Salm 55:22; Math. 6:25-26; Luc 12:22-31
73 Rhuf. 8:28
74 Gen. 18:14; Rhuf. 8:31-39
75 Math. 7:9-11
76 Jer. 23:23-24; Act. 17:24-28
77 Heb. 1:3
78 Jer. 5:24; Act. 14:15-17; Ioan 9:3; Diar. 22:2
79 Diar. 16:33
80 Math. 10:29

28. *Pa lesâd ydyw i ni wybod fod Duw wedi creu, a thrwy ei ragluniaeth yn parhau i gynnal, pob peth?*

Gallwn fod yn amyneddgar pan fydd pethau'n mynd yn ein herbyn,[81] yn ddiolchgar pan fydd pethau'n mynd yn dda,[82] ac mewn pob peth all ddigwydd i ni, cawn roi ein hymddiriedaeth sicr yn ein Duw a Thad ffyddlon na fydd dim yn ein gwahanu rhag ei gariad;[83] gan fod pob creadur yn ei law mor llwyr fel na allant hyd yn oed symud heb ei ewyllys.[84]

Duw'r Mab
DYDD YR ARGLWYDD 11

29. *Pam caiff Mab Duw ei alw'n "Iesu", sy'n golygu "Gwaredwr"?*

Am ei fod yn ein hachub o'n pechodau;[85] ac oherwydd na ddylid ceisio, ac nad oes, iachawdwriaeth yn neb arall.[86]

30. *Ydy'r rhai hynny sy'n edrych tuag at saint, eu hunain, neu at eraill am eu hiachawdwriaeth yn credu yn yr unig Waredwr Iesu mewn gwirionedd?*

Nac ydynt. Er eu bod yn ymffrostio amdano mewn

---

81 Job 1:21-22; Iago 1:3
82 Deut. 8:10; 1 Thes. 5:18
83 Salm 55:22; Rhuf. 5:3-5; 8:38-39
84 Job 1:12; 2:6; Diar. 21:1; Act. 17:24-28
85 Math. 1:21; Heb. 7:25
86 Es. 43:11; Ioan 15:5; Act. 4:11-12; 1 Tim. 2:5

geiriau, maent yn gwadu'r unig Waredwr Iesu trwy eu gweithredoedd;[87] oherwydd mae'n rhaid i un o ddau beth fod yn wir: naill ai nid yw Iesu'n Waredwr cyflawn, neu mae'n rhaid i'r rhai hynny sydd trwy wir ffydd yn derbyn y Gwaredwr hwn dderbyn fod gan y Gwaredwr hwn bopeth sydd arnynt eu hangen am eu hiachawdwriaeth.[88]

DYDD YR ARGLWYDD 12

31. *Pam caiff ei alw'n "Grist", sy'n golygu "Eneiniog"?*

Am ei fod wedi'i ordeinio gan Dduw'r Tad ac wedi ei eneinio â'r Ysbryd Glân[89] yn brif broffwyd ac athro i ni,[90] i ddatguddio cyngor ac ewyllys cudd Duw ynglŷn â'n hachubiaeth i ni;[91] yn unig archoffeiriad[92] sydd wedi'n hachub ni trwy roi ei gorff yn aberth un waith,[93] ac sy'n pledio'n hachos gyda'r Tad yn barhaus;[94] ac yn frenin tragwyddol[95] sy'n ein llywodraethu ni trwy ei Air a'i Ysbryd, ac sy'n ein gwarchod a'n cadw yn y rhyddid y mae wedi ei ennill i ni.[96]

---

87 1 Cor. 1:12-13; Gal. 5:4
88 Col. 1:19-20; 2:10; 1 Ioan 1:7
89 Luc 3:21-22; 4:14-19 (Es. 61:1); Heb. 1:9 (Salm 45:7)
90 Act. 3:22 (Deut. 18:15)
91 Ioan 1:18; 15:15
92 Heb. 7:17 (Salm 110:4)
93 Heb. 9:12; 10:11-14
94 Rhuf. 8:34; Heb. 9:24
95 Math. 21:5 (Sech. 9:9)
96 Math. 28:18-20; Ioan 10:28; Dat. 12:10-11

32. *Ond pam cei di dy alw'n Gristion?*

Am fy mod, trwy ffydd, yn aelod o Grist,[97] ac felly'n cyfranogi o'i eneinio;[98] fel y caf gyffesu ei enw,[99] a chyflwyno fy hun yn aberth byw o ddiolch iddo;[100] a hefyd brwydro â chydwybod dda yn erbyn pechod a'r diafol yn y bywyd hwn,[101] ac wedyn teyrnasu gyda Christ dros yr holl greadigaeth am byth.[102]

DYDD YR ARGLWYDD 13

33. *Pam gelwir Crist yn "unig-anedig Fab" Duw gan ein bod ninnau hefyd yn blant Duw?*

Am mai Crist yn unig yw Mab tragwyddol, naturiol Duw;[103] ond plant Duw trwy fabwysiad ydym ni, trwy ras, er mwyn Crist.[104]

34. *Pam wyt ti'n ei alw'n "ein Harglwydd"?*

Am ei fod wedi'n prynu, yn gorff ac enaid,[105] o'n holl bechod, nid gydag aur neu arian, ond â'i werthfawr waed,[106] a'n rhyddhau ni o holl bŵer y diafol; ac felly'n ein gwneud ni'n eiddo iddo'i hun.[107]

---

97 1 Cor. 12:12-27
98 Act. 2:17 (Joel 2:28); 1 Ioan 2:27
99 Math. 10:32; Rhuf. 10:9-10; Heb. 13:15
100 Rhuf. 12:1; 1 Pedr 2:5, 9
101 Gal. 5:16-17; Eff. 6:11; 1 Tim. 1:18-19
102 Math. 25:34; 2 Tim. 2:12
103 Ioan 1:1-3, 14, 18; Heb. 1
104 Ioan 1:12; Rhuf. 8:14-17; Eff. 1:5-6
105 1 Cor 6:20; 1 Tim 2:5, 6
106 1 Pedr 1:18, 19
107 Col 1:13, 14; Heb 2:14, 15

DYDD YR ARGLWYDD 14

35. *Beth mae'n ei olygu ei fod "wedi ei genhedlu gan yr Ysbryd Glân a'i eni o'r Forwyn Fair"?*

Bod Mab tragwyddol Duw, yr hwn sydd, ac sy'n parhau i fod yn wir a thragwyddol Dduw,[108] wedi cymryd natur gwirioneddol ddynol ato'i hun, o gnawd a gwaed y wyryf Mair,[109] trwy waith yr Ysbryd Glân;[110] fel y deuai yntau hefyd yn ddisgynnydd gwirioneddol i Dafydd,[111] yn debyg i'w frodyr a'i chwiorydd ym mhob ffordd,[112] ond am bechod.[113]

36. *Pa lesâd yw cenhedliad a genedigaeth sanctaidd Crist i ti?*

Efe yw ein Cyfryngwr[114] ac, yng ngolwg Duw, mae'n cuddio y pechadurusrwydd hwnnw y cefais fy nghenhedlu ynddo, gyda'i ddiniweidrwydd a'i sancteiddrwydd perffaith Ef.[115]

---

108 Ioan 1:1; 10:30-36; Act. 13:33 (Salm 2:7); Col. 1:15-17; 1 Ioan 5:20

109 Math. 1:18-23; Ioan 1:14; Gal. 4:4; Heb. 2:14

110 Luc 1:35

111 2 Sam. 7:12-16; Salm 132:11; Math. 1:1; Rhuf. 1:3

112 Phil. 2:7; Heb. 2:17

113 Heb. 4:15; 7:26-27

114 1 Tim. 2:5-6; Heb. 9:13-15

115 Rhuf. 8:3-4; 2 Cor. 5:21; Gal. 4:4-5; 1 Pedr 1:18-19

DYDD YR ARGLWYDD 15

37. *Beth wyt ti'n ei ddeall wrth y gair, "dioddef"?*

Bod Crist, yn ystod ei holl fywyd ar y ddaear, ond yn enwedig ar ddiwedd ei oes, wedi dal, mewn corff ac enaid, pwysau digofaint Duw yn erbyn pechod yr holl hil ddynol.[116] Gwnaeth hyn fel y gallai, trwy ei ddioddefaint fel yr unig aberth iawnol,[117] ein gwaredu, yn gorff ac enaid, o gondemniad tragwyddol,[118] ac ennill gras Duw, cyfiawnder, a bywyd tragwyddol i ni.[119]

38. *Pam dioddefodd "o dan Pontius Pilat" fel barnwr?*

Er mwyn iddo, er ei fod yn ddieuog a chael ei gondemnio gan farnwr daearol,[120] ein rhyddhau ni o ddyfarniad llym Duw a oedd i ddisgyn arnom ni.[121]

39. *A yw'n arwyddocaol iddo gael ei groeshoelio yn hytrach na marw mewn rhyw ffordd arall?*

Ydy, oherwydd trwy hyn y caf fy sicrhau iddo gymryd arno'i hun y felltith oedd arnaf fi, gan fod marwolaeth y groes yn felltigedig gan Dduw.[122]

---

116 Es. 53; 1 Pedr 2:24; 3:18

117 Rhuf. 3:25; Heb. 10:14; 1 Ioan 2:2; 4:10

118 Rhuf. 8:1-4; Gal. 3:13

119 Ioan 3:16; Rhuf. 3:24-26

120 Luc 23:13-24; Ioan 19:4, 12-16

121 Es. 53:4-5; 2 Cor. 5:21; Gal. 3:13

122 Gal. 3:10-13 (Deut. 21:23)

DYDD YR ARGLWYDD 16

40. *Pam bu raid i Grist ddarostwng ei hun hyd farwolaeth?*

Am fod cyfiawnder a gwirionedd Duw yn ei fynnu,[123] gan na allai dim arall dalu am ein pechodau heblaw marwolaeth Mab Duw.[124]

41. *Pam cafodd ei gladdu?*

I brofi iddo farw mewn gwirionedd.[125]

42. *Gan fod Crist wedi marw drosom, pam bod yn rhaid i ni farw o hyd?*

Nid yw'n marwolaeth yn talu'r ddyled am ein pechodau,[126] ond daw â phechod i ben, ac mae'n fynediad i fywyd tragwyddol.[127]

43. *Pa freintiau pellach a gawn gan aberth a marwolaeth Crist ar y groes?*

Trwy farwolaeth Crist caiff ein hen natur ei chroeshoelio, ei rhoi i farwolaeth, a'i chladdu gydag ef,[128] fel na fyddai i chwantau drwg y cnawd deyrnasu arnom bellach,[129] ond er mwyn i ni allu offrymu ein hunain yn aberth o ddiolchgarwch iddo.[130]

---

123 Gen. 2:17
124 Rhuf. 8:3-4; Phil. 2:8; Heb. 2:9
125 Es. 53:9; Ioan 19:38-42; Act. 13:29; 1 Cor. 15:3-4
126 Salm 49:7
127 Ioan 5:24; Phil. 1:21-23; 1 Thes. 5:9-10
128 Rhuf. 6:5-11; Col. 2:11-12
129 Rhuf. 6:12-14
130 Rhuf. 12:1; Eff. 5:1-2

44. *Pam bod y Credo'n ychwanegu, "disgynnodd i uffern"?*

Er mwyn fy sicrhau a'm cysuro yng nghanol fy ngofidiau a'm temtasiynau gwaethaf bod fy Arglwydd Iesu Grist, trwy ei anhraethol ing, poen, arswyd a dioddefaint, yn enwedig ar y groes ond cyn hynny hefyd, wedi fy achub o ing a phoenau uffern.[131]

DYDD YR ARGLWYDD 17

45. *Sut mae atgyfodiad Crist o fudd i ni?*

Yn gyntaf, trwy ei atgyfodiad, mae wedi gorchfygu marwolaeth, fel y gallai ein gwneud ni'n gyfranogion o'r cyfiawnder hwnnw a brynodd i ni trwy ei farwolaeth.[132] Yn ail, cawn hefyd ein codi i fywyd newydd trwy ei nerth.[133] Yn drydydd, mae atgyfodiad Crist yn ernes sicr o'n hatgyfodiad gogoneddus.[134]

DYDD YR ARGLWYDD 18

46. *Beth wyt ti'n ei olygu wrth ddweud, "esgynnodd i'r nef"?*

I Grist, o flaen llygaid ei ddisgyblion, gael ei gymryd i fyny o'r ddaear i'r nef,[135] a'i fod yn aros yno er ein lles,[136] nes iddo ddod eto i farnu'r byw a'r meirw.[137]

---

131 Es. 53; Math. 26:36-46; 27:45-46; Luc 22:44; Heb. 5:7-10
132 Rhuf. 4:25; 1 Cor. 15:16-20; 1 Pedr 1:3-5
133 Rhuf. 6:5-11; Eff. 2:4-6; Col. 3:1-4
134 Rhuf. 8:11; 1 Cor. 15:12-23; Phil. 3:20-21
135 Luc 24:50-51; Act. 1:9-11
136 Rhuf. 8:34; Eff. 4:8-10; Heb. 7:23-25; 9:24
137 Act. 1:11

47. *A yw Crist, felly, heb fod gyda ni hyd ddiwedd y byd, yn groes i'r hyn mae wedi addo i ni?*[138]

Mae Crist yn wironeddol ddyn a gwironeddol Dduw. O ran ei natur ddynol nid yw ar y ddaear bellach;[139] ond o ran ei ddwyfoldeb, mawredd, gras, ac Ysbryd nid yw byth yn absennol oddi wrthym.[140]

48. *Os nad yw ei ddynoliaeth yn bresennol lle bynnag y bo'i ddwyfoldeb, onid yw dwy natur Crist wedi eu gwahanu oddi wrth ei gilydd?*

Dim o gwbl, oherwydd nid oes terfyn i'w ddwyfoldeb ac mae'n bresennol ym mhobman.[141] Mae'n dilyn o reidrwydd, felly, bod ei ddwyfoldeb yn wir y tu hwnt i'r natur ddynol y mae wedi'i chymryd ato'i hun; er hynny, y mae ef yn y natur ddynol yma ac mae'n parhau wedi ei uno â hi.[142]

49. *Sut mae esgyniad Crist i'r nef o les i ni ?*

Yn gyntaf, ef yw ein Heiriolwr yn y nef gerbron ei Dad.[143] Yn ail, mae gennym ein cnawd yn y nef fel gwarant sicr y bydd Ef, ein Pen, yn ein cymryd ni, ei aelodau, hefyd, i fyny ato'i hun.[144] Yn drydydd, mae'n anfon ei

---

138 Math. 28:20
139 Act. 1:9-11; 3:19-21
140 Math. 28:18-20; Ioan 14:16-19
141 Jer. 23:23-24; Act. 7:48-49 (Es. 66:1)
142 Ioan 1:14; 3:13; Col. 2:9
143 Rhuf. 8:34; 1 Ioan 2:1
144 Ioan 14:2; 17:24; Eff. 2:4-6

Ysbryd atom yn ernes,[145] trwy nerth yr hwn yr ydym yn ceisio'r pethau sydd uchod, lle mae Crist yn eistedd ar ddeheulaw Duw, ac nid y pethau sydd ar y ddaear.[146]

DYDD YR ARGLWYDD 19

50. *Pam ychwanegir y geiriau, "ac y mae'n eistedd ar ddeheulaw Duw"?*

Esgynnodd Crist i'r nef i ymddangos yno fel Pen ei eglwys,[147] trwy'r hwn mae'r Tad yn rheoli pob peth.[148]

51. *Pa lesâd yw gogoniant Crist, ein Pen, i ni?*

Yn gyntaf, mae'n arllwys ei roddion nefol arnom ni, ei aelodau, trwy ei Ysbryd Glân.[149] Yn ail, mae'n ein hamddiffyn ac yn ein cadw ni'n ddiogel rhag pob gelyn trwy ei rym ef.[150]

52. *Sut mae dychweliad Crist "i farnu'r byw a'r meirw" yn dy gysuro?*

Ym mhob trallod ac erledigaeth codaf fy mhen a disgwyliaf yn eiddgar am ddyfodiad y Barnwr hwnnw sydd eisoes wedi ymostwng ei hun i farn Duw yn fy lle ac wedi symud yr holl felltith oddi wrthyf.[151] Bydd Crist

---

145 Ioan 14:16; 2 Cor. 1:21-22; 5:5
146 Col. 3:1-4
147 Eff. 1:20-23; Col. 1:18
148 Math. 28:18; Ioan 5:22-23
149 Act. 2:33; Eff. 4:7-12
150 Salm 110:1-2; Ioan 10:27-30; Dat. 19:11-16
151 Luc 21:28; Rhuf. 8:22-25; Phil. 3:20-21; Titus 2:13-14

yn bwrw ei holl elynion yntau, a'm rhai i, i gondemniad tragwyddol, ond bydd yn fy nghymryd i a'r holl rai mae wedi eu dewis iddo'i hun i mewn i lawenydd a gogoniant y nefoedd.[152]

Duw'r Ysbryd Glân
DYDD YR ARGLWYDD 20

53. *Beth wyt ti'n ei gredu ynglŷn â'r "Ysbryd Glân"?*

Yn gyntaf, ei fod yn wir a thragwyddol Dduw gyda'r Tad a'r Mab.[153] Yn ail, ei fod wedi ei roi i mi[154] i'm gwneud, trwy ffydd gywir, yn gyfranogwr o Grist a'i holl freintiau,[155] fel y gall fy nghysuro[156] ac aros gyda mi am byth.[157]

DYDD YR ARGLWYDD 21

54. *Beth wyt ti'n ei gredu ynglŷn ag "eglwys lân gatholig" Crist?*

Credaf fod Mab Duw, o ddechrau'r byd hyd ei ddiwedd,[158] yn casglu, amddiffyn ac yn cadw iddo'i hun, trwy ei Ysbryd a'i Air,[159] o'r holl hil ddynol,[160] eglwys

---

152 Math. 25:31-46; 2 Thes. 1:6-10
153 Gen. 1:1-2; Math. 28:19; Act. 5:3-4
154 1 Cor. 6:19; 2 Cor. 1:21-22; Gal. 4:6
155 Gal. 3:14
156 Ioan 15:26; Act. 9:31
157 Ioan 14:16-17; 1 Pedr 4:14
158 Es. 59:21; 1 Cor. 11:26
159 Ioan 10:14-16; Act. 20:28; Rhuf. 10:14-17; Col. 1:18
160 Gen. 26:3b-4; Dat. 5:9

wedi'i hethol i fywyd tragwyddol,[161] wedi eu huno mewn gwir ffydd;[162] a'm bod i,[163] ac y byddaf yn parhau felly am byth,[164] yn aelod byw ohoni.

55. *Beth wyt ti'n ei ddeall wrth "gymundeb y saint"?*

Yn gyntaf, bod credinwyr i gyd, yn gyffredin â'i gilydd, fel aelodau o Grist, yn gyfranogion ohono, ac o'i holl drysorau a rhoddion.[165] Yn ail, y dylai pob aelod ei ystyried yn ddyletswydd arno i ddefnyddio'r rhoddion hyn â pharodrwydd ac â llawenydd er lles ac iachawdwriaeth aelodau eraill.[166]

56. *Beth wyt ti'n ei gredu am "faddeuant pechodau"?*

Credaf na fydd Duw, oherwydd Iawn Crist, yn cofio fy mhechodau mwyach,[167] na'm natur lygredig, gyda'r hwn mae'n rhaid i mi frwydro ar hyd fy mywyd;[168] ond bydd yn cyfrif cyfiawnder Crist i mi'n rasol, fel na chaf fyth fy nghondemnio yn llys barn Duw.[169]

---

161 Math. 16:18; Ioan 10:28-30; Rhuf. 8:28-30; Eff. 1:3-14

162 Act. 2:42-47; Eff. 4:1-6

163 1 Ioan 3:14, 19-21

164 Ioan 10:27-28; 1 Cor. 1:4-9; 1 Pedr 1:3-5

165 Rhuf. 8:32; 1 Cor. 6:17; 12:4-7, 12-13; 1 Ioan 1:3

166 Rhuf. 12:4-8; 1 Cor. 12:20-27; 13:1-7; Phil. 2:4-8

167 Salm 103:3-4, 10, 12; Mic. 7:18-19; 2 Cor. 5:18-21; 1 Ioan 1:7; 2:2

168 Rhuf. 7:21-25

169 Ioan 3:17-18; Rhuf. 8:1-2

DYDD YR ARGLWYDD 22

57. *Pa gysur mae "atgyfodiad y corff" yn ei roi i ti?*

Nid yn unig y caiff fy enaid ei gymryd i fyny at Grist, ei Ben, ar unwaith wedi'r bywyd hwn,[170] ond caiff fy nghorff, a godir trwy nerth Crist, ei ailuno â'm henaid, a'i wneud yn debyg i gorff gogoneddus Crist.[171]

58. *Pa gysur a gei di gan y cymal, "bywyd tragwyddol"?*

Gan fy mod eisoes yn profi dechreuad llawenydd tragwyddol,[172] caf etifeddu iachawdwriaeth berffaith ar ôl y bywyd hwn, yr hon "na welodd llygad, ac na chlywodd clust, ac na ddaeth i feddwl neb" i'w ddychmygu, er mwyn gogoneddu Duw am byth.[173]

DYDD YR ARGLWYDD 23

59. *Pa lesâd ydyw i ti yn awr dy fod yn credu hyn oll?*

Fy mod yn gyfiawn yng Nghrist gerbron Duw, ac yn etifedd bywyd tragwyddol.[174]

---

170 Luc 23:43; Phil. 1:21-23
171 1 Cor. 15:20, 42-46, 54; Phil. 3:21; 1 Ioan 3:2
172 Rhuf. 14:17
173 Ioan 17:3; 1 Cor. 2:9
174 Ioan 3:36; Rhuf. 1:17 (Hab. 2:4); Rhuf. 5:1-2

60. *Sut wyt ti'n gyfiawn gerbron Duw?*

Trwy wir ffydd yn Iesu Grist yn unig.[175]   Er bod fy nghydwybod yn fy nghyhuddo fy mod wedi torri holl orchmynion Duw, a heb gadw'r un ohonynt,[176] a'm bod yn parhau i dueddu tuag at bob drygioni;[177] eto, heb unrhyw haeddiant ohonof fy hun,[178] ond yn unig o ras,[179] mae Duw'n cyfrif taliad, cyfiawnder a sancteiddrwydd perffaith Crist i mi;[180] fel petawn erioed wedi cael, na chyflawni, unrhyw bechod; ie, fel petawn wedi cyflawni'r holl ufudd-dod a gyflawnodd Crist er fy mwyn,[181] dim ond i mi dderbyn y rhodd gyda chalon grediniol.[182]

61. *Pam wyt ti'n dweud dy fod yn gyfiawn trwy ffydd yn unig?*

Nid am fy mod yn cael fy nerbyn gan Dduw oherwydd unrhyw werth yn fy ffydd, ond oherwydd mai taliad, cyfiawnder a sancteiddrwydd Crist yn unig yw fy nghyfiawnder gerbron Duw;[183] ac ni allaf dderbyn na chymhwyso'r cyfiawnder hwnnw i mi fy hun mewn unrhyw ffordd ond trwy ffydd yn unig.[184]

---

175 Rhuf. 3:21-28; Gal. 2:16; Eff. 2:8-9; Phil. 3:8-11
176 Rhuf. 3:9-10
177 Rhuf. 7:23
178 Tit. 3:4-5
179 Rhuf. 3:24; Eff. 2:8
180 Rhuf. 4:3-5 (Gen. 15:6); 2 Cor. 5:17-19; 1 Ioan 2:1-2
181 Rhuf. 4:24-25; 2 Cor. 5:21
182 Ioan 3:18; Act. 16:30-31
183 1 Cor. 1:30-31
184 Rhuf. 10:10; 1 Ioan 5:10-12

DYDD YR ARGLWYDD 24

62. *Pam na all ein gweithredoedd da ni fod yn gyfiawnder gerbron Duw, neu o leiaf yn rhan ohono?*

Am fod yn rhaid i'r cyfiawnder hwnnw a gaiff ei gymeradwyo gan frawdle Duw fod yn berffaith, a chyflawni'r gyfraith ddwyfol ym mhob ffordd;[185] ac am fod ein gweithredoedd gorau ni yn y bywyd hwn yn amherffaith ac wedi eu llygru gan bechod.[186]

63. *Ond sut nad oes gan ein gweithredoedd unrhyw haeddiant, pan ddywed Duw y bydd yn eu gwobrwyo yn y bywyd hwn a'r nesaf?[187]*

Nid yw'r wobr o haeddiant, ond o ras.[188]

64. *Ond onid yw'r ddysgeidiaeth hon yn gwneud pobl yn ddiofal ac yn ddrwg?*

Nac ydyw wir, am ei fod yn amhosibl i'r rhai a impiwyd i Grist trwy wir ffydd beidio â chynhyrchu ffrwythau o ddiolchgarwch.[189]

---

185 Rhuf. 3:20; Gal. 3:10 (Deut. 27:26)
186 Es. 64:6
187 Math. 5:12; Heb. 11:6
188 Luc 17:10; 2 Tim. 4:7-8
189 Luc 6:43-45; Ioan 15:5

Y Sacramentau
DYDD YR ARGLWYDD 25

65. *Gan ein bod, felly, yn cael ein gwneud yn gyfranogion o Grist a'i holl freintiau trwy ffydd yn unig, o ble daw'r ffydd hon?*

    O'r Ysbryd Glân, sy'n gweithio ffydd yn ein calonnau[190] trwy bregethiad yr efengyl,[191] ac yn ei chadarnhau trwy ddefnydd o'r sacramentau.[192]

66. *Beth yw'r sacramentau?*

    Arwyddion a seliau gweladwy, sanctaidd yw'r sacramentau, wedi eu sefydlu gan Dduw fel y gallai, trwy eu defnydd, ddatgan addewid yr efengyl yn llawnach a'i selio i ni,[193] sef, ei fod yn rhoi maddeuant pechodau a bywyd tragwyddol yn rhad i ni ar sail yr un aberth a offrymodd Crist ar y groes.[194]

67. *A yw'r Gair a'r sacramentau felly wedi eu hordeinio a'u pennu er mwyn cyfeirio'n ffydd at aberth Iesu Grist ar y groes fel yr unig sylfaen i'n hiachawdwriaeth?*

    Ydynt yn wir, gan fod yr Ysbryd Glân yn ein dysgu yn yr efengyl, ac yn ein sicrhau ni drwy'r sacramentau, bod ein hiachawdwriaeth yn dibynnu ar yr un aberth honno a offrymodd Crist trosom ar y groes.[195]

---

190 Ioan 3:5; 1 Cor. 2:10-14; Eff. 2:8
191 Rhuf. 10:17; 1 Pedr 1:23-25
192 Math. 28:19-20; 1 Cor. 10:16
193 Gen. 17:11; Deut. 30:6; Rhuf. 4:11
194 Math. 26:27-28; Act. 2:38; Heb. 10:10
195 Rhuf. 6:3; 1 Cor. 11:26; Gal. 3:27

68. *Sawl sacrament a sefydlodd Crist yn y cyfamod, neu destament, newydd?*

Dau, sef Bedydd a Swper yr Arglwydd.[196]

Bedydd
DYDD YR ARGLWYDD 26

69. *Sut mae bedydd yn d'atgoffa ac yn dy sicrhau bod un aberth Crist ar y groes o wir les i ti?*

Yn y modd hwn: sefydlodd Crist y golchiad allanol â dŵr hwn,[197] gan ychwanegu'r addewid yma, fy mod wedi fy ngolchi â'i waed a'i Ysbryd oddi wrth holl lygredd fy enaid – hynny yw, o'm holl bechodau – cyn sicred ag yr wyf pan gaiff fy nghorff ei olchi o'i fryntni gan ddŵr.[198]

70. *Beth mae'n ei olygu i gael dy olchi â gwaed ac Ysbryd Crist?*

Mae'n golygu derbyn maddeuant pechodau yn rhad gan Dduw, er mwyn gwaed Crist, a gollodd ef drosom trwy ei aberth ar y groes;[199] a hefyd cael ein hadnewyddu gan yr Ysbryd Glân, a'n sancteiddio i fod yn aelodau o Grist, fel y byddwn farw fwyfwy i bechod, a byw bywydau sanctaidd a di-fai.[200]

---

196 Math. 28:19-20; 1 Cor. 11:23-26
197 Act. 2:38
198 Math. 3:11; Rhuf. 6:3-10; 1 Pedr 3:21
199 Sech. 13:1; Eff. 1:7-8; Heb. 12:24; 1 Pedr 1:2; Dat. 1:5
200 Esec. 36:25-27; Ioan 3:5-8; Rhuf. 6:4; 1 Cor. 6:11; Col. 2:11-12

71. *Ble mae Crist wedi addo i ni y bydd yn ein golchi â'i waed a'i*
     Ysbryd cyn sicred ag y cawn ein golchi gan ddŵr bedydd?

     Yn yr ordinhad o fedydd, pan ddywed: "Ewch, gan
     hynny, a gwnewch ddisgyblion o'r holl genhedloedd,
     gan eu bedyddio hwy yn enw'r Tad a'r Mab a'r Ysbryd
     Glân";[201] "y sawl a gred ac a fedyddir, fe gaiff ei achub,
     ond y sawl ni chred, fe'i condemnir."[202] Ailadroddir yr
     addewid yma hefyd pan alwo'r Ysgrythur bedydd yn
     olchiad yr ailenedigaeth[203] a golchi ymaith pechodau.[204]

     ## DYDD YR ARGLWYDD 27

72. *A yw'r bedyddio allanol gyda dŵr felly'n golchi pechod i*
     ffwrdd?

     Nac ydyw, am mai dim ond gwaed Iesu Grist a'r Ysbryd
     Glân sy'n ein glanhau o bob pechod.[205]

73. *Pam, felly, bod yr Ysbryd Glân yn galw bedydd yn "olchiad*
     yr ailenedigaeth" ac yn "olchi ymaith pechodau"?

     Mae gan Dduw reswm da i ddweud hyn, sef, nid yn
     unig i'n dysgu y caiff ein pechodau eu symud ymaith
     gan waed ac Ysbryd Iesu fel y caiff budreddi'r corff
     ei lanhau gan ddŵr;[206] ond yn enwedig, i'n sicrhau ni,

---

201 Math. 28:19
202 Marc 16:16
203 Tit. 3:5
204 Act. 22:16
205 Math. 3:11; 1 Pedr 3:21; 1 Ioan 1:7
206 1 Cor. 6:11; Dat. 1:5; 7:14

drwy'r addewid a'r arwydd dwyfol yma, ein bod wedi
ein gwirioneddol lanhau'n ysbrydol o'n holl bechodau
gymaint ag y cawn ein golchi'n allanol gan ddŵr.[207]

74. *A ddylai plant gael eu bedyddio hefyd?*

Dylent, am eu bod hwythau hefyd, yn ogystal ag
oedolion, wedi eu cynnwys yng nghyfamod ac eglwys
Dduw;[208] ac am fod prynedigaeth oddi wrth bechod
trwy waed Crist, a'r Ysbryd Glân, awdur ffydd, yn cael
ei addo iddynt hwy gymaint ag yw i oedolion.[209] Rhaid
eu bedyddio, felly, fel arwydd o'r cyfamod, eu derbyn
i'r eglwys Gristnogol, a'u gwahaniaethu oddi wrth blant
anghredinwyr[210] fel y gwnâi enwaediad o dan yr hen
gyfamod neu destament,[211] yn lle'r hwn yr ordeiniwyd
bedydd yn y cyfamod newydd.[212]

Swper yr Arglwydd
DYDD YR ARGLWYDD 28

75. *Sut mae Swper yr Arglwydd yn d'atgoffa ac yn dy sicrhau
fod gennyt gyfran yn un aberth Crist, a gwblhawyd ar y
groes, ac o'i holl freintiau?*

Yn y modd yma: mae Crist wedi gorchymyn i mi ac
i bob un sy'n credu i fwyta o'r bara toredig hwn ac i

---

207 Act. 2:38; Rhuf. 6:3-4; Gal. 3:27
208 Gen. 17:7; Math. 19:14
209 Es. 44:1-3; Act. 2:38-39; 16:31
210 Act. 10:47; 1 Cor. 7:14
211 Gen. 17:9-14
212 Col. 2:11-13

yfed o'r cwpan hwn er coffa amdano, gan ychwanegu'r addewidion yma: yn gyntaf, i'w gorff gael ei offrymu a'i dorri ar y groes er fy mwyn i, a'i waed ei dywallt er fy mwyn, cyn sicred ag y gwelaf gyda'm llygaid fara'r Arglwydd wedi ei dorri er fy mwyn a'r cwpan a rennir gyda mi. Yn ail, ei fod yn bwydo ac yn porthi fy enaid i fywyd tragwyddol, gyda'i gorff a groeshoeliwyd a gyda'i waed a dywalltwyd, cyn sicred ag y derbyniaf o law'r gweinidog a blasu yn fy ngheg fara a chwpan yr Arglwydd, sydd wedi eu rhoi'n arwyddion sicr o gorff a gwaed Crist i mi.[213]

76. *Beth mae'n ei olygu, felly, i fwyta corff Crist a groeshoeliwyd, ac i yfed y gwaed a dywalltwyd?*

Nid yn unig i gofleidio gyda chalon grediniol holl ddioddefiadau a marwolaeth Crist, a thrwy hynny derbyn maddeuant pechodau a bywyd tragwyddol,[214] ond hefyd, i gael fy uno fwyfwy i'w gorff sanctaidd, drwy'r Ysbryd Glân, sydd yn byw yng Nghrist ac ynom ni.[215] Felly, er bod Crist yn y nefoedd[216] a ninnau ar y ddaear, yr ydym yn "gnawd o'i gnawd, ac yn asgwrn o'i asgwrn"[217] ac yr ydym yn byw trwy un Ysbryd ac fe gawn ein llywodraethu ganddo am byth, yn yr un modd ag y caiff aelodau o gorff eu rheoli gan un enaid.[218]

---

213 Math. 26:26-28; Marc 14:22-24; Luc 22:19-20; 1 Cor. 11:23-25

214 Ioan 6:35, 40, 50-54

215 Ioan 6:55-56; 1 Cor. 12:13

216 Act. 1:9-11; 1 Cor. 11:26; Col. 3:1

217 1 Cor. 6:15-17; Eff. 5:29-30; 1 Ioan 4:13

218 Ioan 6:56-58; 15:1-6; Eff. 4:15-16; 1 Ioan 3:24

77. *Ble mae Crist wedi addo y bydd yn bwydo a phorthi credinwyr gyda'i gorff a'i waed, wrth iddynt fwyta'r bara toredig hwn, ac yfed o'r cwpan hwn?*

Yn sefydliad Swper yr Arglwydd, lle dywed "i'r Arglwydd Iesu, y nos y bradychwyd ef, gymryd bara; ac wedi iddo ddiolch, fe'i torrodd, a dweud, "Hwn yw fy nghorff, yr hwn a dorrir trosoch.[219] Gwnewch hyn er cof amdanaf." Yr un modd hefyd fe gymerodd y cwpan, ar ôl swper, gan ddweud, "Y cwpan hwn yw'r cyfamod newydd yn fy ngwaed i. Gwnewch hyn, bob tro yr yfwch ef, er cof amdanaf." Oherwydd bob tro y byddwch yn bwyta'r bara hwn ac yn yfed y cwpan hwn, yr ydych yn cyhoeddi marwolaeth yr Arglwydd, hyd nes y daw."[220] Ail-adroddir yr addewid yma gan yr Apostol Paul, pan ddywed: "Cwpan y fendith yr ydym yn ei fendithio, onid cyfranogiad o waed Crist ydyw? A'r bara yr ydym yn ei dorri, onid cyfranogiad o gorff Crist ydyw? Gan mai un yw'r bara, yr ydym ni, a ninnau'n llawer, yn un corff, oherwydd yr ydym i gyd yn cyfranogi o'r un bara."[221]

DYDD YR ARGLWYDD 29

78. *A yw'r bara a'r gwin felly'n dod yn wir gorff a gwaed Crist?*

Nac ydyw. Yn union fel na chaiff dŵr bedydd ei newid i waed Crist ac nad yw'n golchi pechodau i ffwrdd ei

---

219 Ni cheir y gair "torrir" yn y Beibl Cymraeg Newydd Diwygiedig, ond mae i'w gael yn fersiwn gwreiddiol y Catecism.
220 1 Cor. 11:23-26
221 1 Cor. 10:16-17

hun, ond mai arwydd a chadarnhad o'r pethau yma wedi ei apwyntio gan Dduw yn unig ydyw,[222] felly hefyd nid yw bara Swper yr Arglwydd yn cael ei newid i gorff gwirioneddol Crist,[223] ond caiff ei alw'n gorff Crist,[224] a hynny'n gywir, yn unol â natur a iaith sacramentau.[225]

78. *Pam felly bod Crist yn galw'r bara ei gorff, a'r cwpan ei waed, neu'r cyfamod newydd yn ei waed; a bod Paul yn sôn am, "gyfranogi o gorff a gwaed Crist"?*

Mae gan Grist reswm da dros ddweud y geiriau hyn; nid yn unig i'n dysgu bod ei gorff croeshoeliedig a'i waed a ollyngwyd yn wirioneddol bwydo ein heneidiau i fywyd tragwyddol yn yr un modd ag y mae bara a gwin yn ein cynnal yn y bywyd presennol hwn;[226] ond, yn fwy na hynny, i'n sicrhau, trwy'r arwyddion gweladwy yma, o'r addewid ein bod ni, trwy waith yr Ysbryd Glân, yn cyfranogi o'i wir gorff a gwaed wrth i ni dderbyn yr arwyddion sanctaidd hyn yn gorfforol a chofio amdano;[227] a bod ei holl ddioddefiadau ac ufudd-dod yn eiddo i ni mor sicr â phetawn ni wedi dioddef a thalu iawn i Dduw am ein pechodau drosom ein hunain.[228]

---

222 Eff. 5:26; Tit. 3:5
223 Math. 26:26-29
224 1 Cor. 10:16-17; 11:26-28
225 Gen. 17:10-11; Ex. 12:11, 13; 1 Cor. 10:1-4
226 Ioan 6:51, 55
227 1 Cor. 10:16-17; 11:26
228 Rhuf. 6:5-11

DYDD YR ARGLWYDD 30

80. *Beth yw'r gwahaniaeth rhwng Swper yr Arglwydd ac Offeren Eglwys Rufain?*

Mae Swper yr Arglwydd yn tystiolaethu i ni fod ein pechodau wedi eu maddau'n llawn trwy un aberth Iesu Grist, yr hwn a gyflawnodd ef unwaith ar y groes; a'n bod yn awr wedi ein himpio i Grist gan yr Ysbryd Glân, a bod Crist yn awr yn ei natur ddynol yn y nef, ac nid ar y ddaear, ar law dde Duw ei Dad, ac yno y mae i'w addoli gennym ni. Mae'r offeren yn dysgu na chaiff y byw na'r meirw faddeuant pechodau trwy ddioddefiadau Crist, oni chaiff Crist ei offrymu drostynt yn ddyddiol gan offeiriaid, ac ymhellach, bod Crist yn bresennol yn gorfforol yn ffurf bara a gwin, ac i'w addoli ynddynt; ac felly, nid yw'r offeren, yn ei hanfod, yn ddim amgen na gwadiad o un aberth a dioddefaint Iesu Grist, ac yn eilunaddoliaeth felltigedig.

81. *Pwy ddylai ddod at fwrdd yr Arglwydd?*

Y rhai sydd wir yn galaru am eu pechodau, ac eto sy'n ymddiried eu bod wedi eu maddau er mwyn Crist, a bod y methiannau o'u heiddo sydd eto'n parhau wedi eu gorchuddio â'i ddioddefaint a'i farwolaeth, ac sydd hefyd yn mawr ddymuno i'w ffydd gael ei chryfhau fwyfwy a byw'n fwy sanctaidd. Ond mae rhagrithwyr, a'r rhai nad ydynt yn troi at Dduw gyda chalon didwyll, yn bwyta ac yn yfed barn iddynt eu hunain.[229]

---

229 1 Cor. 10:19-22; 11:26-32

82. *A ddylai'r rhai hynny sy'n dangos eu hunain yn anghrediniol ac yn annuwiol drwy eu cyffes a'u bywyd gael eu derbyn i'r swper hwn?*

Na ddylent, gan y byddai cyfamod Duw'n cael ei halogi ac y byddai ei ddigofaint yn cael ei gynnau yn erbyn yr holl gynulleidfa.[230] Mae'n ddyletswydd ar yr eglwys Gristnogol felly, yn ôl cyfarwyddyd Crist a'i apostolion, i wahardd y fath bersonau gydag agoriadau teyrnas nefoedd nes iddynt ddangos newid yn eu bywyd.

DYDD YR ARGLWYDD 31

83. *Beth yw agoriadau'r deyrnas?*

Pregethu'r efengyl sanctaidd a disgyblaeth Gristnogol. Trwy'r ddau beth yma fe agorir teyrnas nefoedd i gredinwyr a'i chau i anghredinwyr.[231]

84. *Sut mae pregethu'r efengyl sanctaidd yn agor ac yn cau teyrnas nefoedd?*

Yn ôl gorchymyn Crist, agorir teyrnas nefoedd pan ddatgenir a thystiolaethir yn gyhoeddus i bob crediniwr, fod Duw wir yn maddau eu holl bechodau, er mwyn haeddiant Crist, pan dderbyniant addewid yr efengyl mewn gwir ffydd. Caeir teyrnas nefoedd pan ddatgenir a thystiolaethir yn gyhoeddus i bob anghrediniwr a rhagrithiwr, fod digofaint Duw a chondemniad

---

230 1 Cor. 11:17-32; Salm 50:14-16; Es. 1:11-17
231 Math. 16:19; Ioan 20:22-23

dragwyddol yn gorffwys arnynt nes iddynt edifarhau. Mae barn Duw, yn y bywyd hwn ac yn y bywyd sydd i ddod, wedi ei seilio ar y dystiolaeth hon i'r efengyl.[232]

85. *Sut mae teyrnas nefoedd yn cael ei chau a'i hagor gan ddisgyblaeth Gristnogol?*

Yn ôl gorchymyn Crist, caiff y rhai sy'n galw eu hunain yn Gristnogion ond yn datgelu eu hunain i fod yn anghristnogol mewn dysgeidiaeth neu fuchedd, eu ceryddu sawl gwaith mewn modd brawdol yn gyntaf. Pe byddant yn gwrthod gadael eu cyfeiliornadau neu eu drygioni, cânt eu hysbysu i'r eglwys, hynny yw, i'r henuriaid. Pe gwrthodant wrando ar eu cerydd hwythau, cânt eu gwahardd rhag cyfranogi o'r sacramentau, ac fe gânt eu diarddel o'r eglwys Gristnogol, ac o deyrnas Crist gan Dduw ei hun.[233] Cânt eu derbyn eto fel aelodau Crist ac o'r eglwys pan addawant ac y dangosant wir ddiwygiad.[234]

RHAN 3: EIN DIOLCHGARWCH
DYDD YR ARGLWYDD 32

86. *Gan ein bod, felly, wedi ein hachub o'n trueni, trwy ras yn unig, trwy Grist, heb unrhyw haeddiant ohonom ein hunain, pam bod yn rhaid i ni wneud gweithredoedd da?*

Oherwydd, fel y mae Crist wedi ein prynu a'n hachub ni â'i waed, mae hefyd yn ein hadnewyddu trwy ei

---

232 Math. 16:19; Ioan 3:31-36; 20:21-23
233 Math. 18:15-20; 1 Cor. 5:3-5, 11-13; 2 Thes. 3:14-15
234 Luc 15:20-24; 2 Cor. 2:6-11

Ysbryd Glân i'w ddelw ei hun, fel y gallwn ddangos ein diolchgarwch i Dduw[235] a'i foliannu am ei fendithion[236] yn ein holl ymarweddiad; ac ymhellach, fel y gallwn fod yn sicr o'n ffydd yn ôl ei ffrwythau,[237] ac fel y gall ein cerddediad duwiol ennill eraill i Grist.[238]

87. *A ellir achub felly y rhai hynny nad ydynt yn troi at Dduw o'i bywyd anniolchgar a di-edifar?*

Na'n wir, gan fod yr Ysgrythur yn datgan na chaiff y rhai sy'n anfoesol yn rhywiol, yn eilunaddolwyr, yn odinebwyr, yn lladron, yn rhai trachwantus, yn feddwon, yn ddifenwyr, yn gribddeilwyr, neu debyg, etifeddu teyrnas Dduw.[239]

DYDD YR ARGLWYDD 33

88. *Sawl rhan sydd i wir dröedigaeth person?*

Dwy: marweiddio'r hen natur, a bywhau'r newydd.[240]

89. *Beth yw marweiddio'r hen natur?*

Gwir dristwch didwyll ein bod wedi digio Duw gyda'n pechod, ac yn gynyddol eu casáu a ffoi rhagddynt.[241]

---

235 Rhuf. 6:13; 12:1-2; 1 Pedr 2:5-10
236 Math. 5:16; 1 Cor. 6:19-20
237 Math. 7:17-18; Gal. 5:22-24; 2 Pedr 1:10-11
238 Math. 5:14-16; Rhuf. 14:17-19; 1 Pedr 2:12; 3:1-2
239 1 Cor. 6:9-10; Gal. 5:19-21; Eff. 5:1-20; 1 Ioan 3:14
240 Rhuf. 6:1-11; 2 Cor. 5:17; Eff. 4:22-24; Col. 3:5-10
241 Salm 51:3-4, 17; Joel 2:12-13; Rhuf. 8:12-13; 2 Cor. 7:10

90. *Beth yw bywhau'r natur newydd?*

Gwir lawenydd didwyll yn Nuw, trwy Grist,[242] a byw yn ôl ewyllys Duw mewn pob gweithred dda gyda chariad a hyfrydwch.[243]

91. *Beth yw gweithredoedd da?*

Dim ond y gweithredoedd hynny sy'n deillio o wir ffydd,[244] sy'n cydymffurfio â chyfraith Duw,[245] ac sy'n cael eu gwneud er gogoniant Duw;[246] ac nid y rhai sydd wedi eu seilio ar ein dychymyg ein hunain neu ar draddodiadau dynol.[247]

Y Deg Gorchymyn
DYDD YR ARGLWYDD 34

92. *Beth yw cyfraith Duw?*

Llefarodd Duw yr holl eiriau hyn (Ex. 20:1-17; Deut. 5:6-21), a dweud, "Myfi yw'r ARGLWYDD dy Dduw, a'th arweiniodd allan o wlad yr Aifft, o dŷ caethiwed.

  1. "Na chymer dduwiau eraill ar wahân i mi.

  2. "Na wna iti ddelw gerfiedig ar ffurf dim sydd yn y nefoedd uchod na'r ddaear isod nac yn y dŵr dan y ddaear; nac ymgryma iddynt

---

242 Salm 51:8, 12; Es.57:15; Rhuf. 5:1; 14:17

243 Rhuf. 6:10-11; Gal. 2:20

244 Ioan 15:5; Heb. 11:6

245 Lef. 18:4; 1 Sam. 15:22; Eff. 2:10

246 1 Cor. 10:31

247 Deut. 12:32; Es. 29:13; Esec. 20:18-19; Math. 15:7-9

na'u gwasanaethu, oherwydd yr wyf fi, yr ARGLWYDD dy Dduw, yn Dduw eiddigeddus; yr wyf yn cosbi'r plant am ddrygioni'r rhieni hyd y drydedd a'r bedwaredd genhedlaeth o'r rhai sy'n fy nghasáu, ond yn dangos trugaredd i filoedd o'r rhai sy'n fy ngharu ac yn cadw fy ngorchmynion.

3. "Na chymer enw'r ARGLWYDD dy Dduw yn ofer, oherwydd ni fydd yr ARGLWYDD yn ystyried yn ddieuog y sawl sy'n cymryd ei enw'n ofer.

4. "Cofia'r dydd Saboth, i'w gadw'n gysegredig. Chwe diwrnod yr wyt i weithio a gwneud dy holl waith, ond y mae'r seithfed dydd yn Saboth yr ARGLWYDD dy Dduw; na wna ddim gwaith y dydd hwnnw, ti na'th fab, na'th ferch, na'th was, na'th forwyn, na'th anifail, na'r estron sydd o fewn dy byrth; oherwydd mewn chwe diwrnod y gwnaeth yr ARGLWYDD y nefoedd a'r ddaear, y môr a'r cyfan sydd ynddo; ac ar y seithfed dydd fe orffwysodd; am hynny, bendithiodd yr ARGLWYDD y dydd Saboth a'i gysegru.

5. "Anrhydedda dy dad a'th fam, er mwyn amlhau dy ddyddiau yn y wlad y mae'r ARGLWYDD yn ei rhoi iti.

6. "Na ladd.

7. "Na odineba.

8. "Na ladrata.

9. "Na ddwg gamdystiolaeth yn erbyn dy gymydog.

10. "Na chwennych dŷ dy gymydog, na'i wraig, na'i was, na'i forwyn, na'i ych, na'i asyn, na dim sy'n eiddo i'th gymydog."

93. *Sut mae'r gorchmynion hyn wedi eu rhannu?*

I ddwy ran: mae'r rhan gyntaf yn ein dysgu sut mae'n rhaid ymddwyn tuag at Dduw; a'r ail ein dyletswyddau tuag at ein cymydog.[248]

94. *Beth mae Duw'n ei ofyn yn y gorchymyn cyntaf?*

Am i mi wir ddymuno iachawdwriaeth fy enaid, fy mod yn osgoi ac yn ffoi o bob eilunaddoliaeth,[249] dewiniaeth, darogan, ofergoeliaeth,[250] ymbil ar saint, neu unrhyw greadur arall;[251] a dysgu'n gywir i adnabod yr unig wir Dduw;[252] ymddiried ynddo Ef yn unig;[253] ymostwng iddo mewn gostyngeiddrwydd[254] a gydag amynedd;[255] disgwyl pob peth da o'i law Ef yn unig;[256] ei garu,[257] ei ofni,[258] a'i

---

248 Math. 22:37-39
249 1 Cor. 6:9-10; 10:5-14; 1 Ioan 5:21
250 Lef. 19:31; Deut. 18:9-12
251 Math. 4:10; Dat. 19:10; 22:8-9
252 Ioan 17:3
253 Jer. 17:5, 7
254 1 Pedr. 5:5-6
255 Col. 1:11; Heb. 10:36
256 Salm 104:27-28; Iago 1:17
257 Math. 22:37 (Deut. 6:5)
258 Diar. 9:10; 1 Pedr 1:17

ogoneddu[259] gyda'm holl galon; fel fy mod yn ymwrthod ac yn ymadael â phob creadur, yn hytrach nag ymddiried hyd yn oed i'r peth lleiaf sy'n groes i'w ewyllys Ef.[260]

95. *Beth yw eilunaddoliaeth?*

Eilunaddoliaeth yw ymddiried mewn unrhyw ddyfais, neu wrthrych, yn hytrach na, neu ynghyd â'r un gwir Dduw sydd wedi ei ddatguddio'i hun yn ei air.[261]

DYDD YR ARGLWYDD 35

96. *Beth mae Duw'n ei ofyn yn yr ail orchymyn?*

Na ddylem bortreadu Duw trwy ddelwau mewn unrhyw fodd,[262] na'i addoli mewn unrhyw ffordd nad yw wedi ei orchymyn yn ei air.[263]

97. *A gawn ni felly wneud unrhyw ddelw o gwbl?*

Ni ellir, ac ni ddylid portreadu Duw o gwbl. Gellir portreadu creaduriaid, eto i gyd mae Duw'n gwahardd gwneud neu gael delwau o'r fath i'w haddoli neu i wasanaethu Duw drwyddynt.[264]

---

259 Math. 4:10 (Deut. 6:13)
260 Math. 5:29-30; 10:37-39
261 1 Cron. 16:26; Gal. 4:8-9; Eff. 5:5; Phil. 3:19
262 Deut. 4:15-19; Es. 40:18-25; Act. 17:29; Rhuf. 1:22-23
263 Lef. 10:1-7; 1 Sam. 15:22-23; Ioan 4:23-24
264 Ex. 34:13-14, 17; 2 Bren. 18:4-5

98. *Ond oni ddylid caniatáu delwau mewn eglwysi yn lle llyfrau ar gyfer yr annysgedig?*

Na ddylid, oherwydd ni ddylem geisio bod yn ddoethach na Duw. Mae Ef am i'w bobl gael eu dysgu, nid gan ddelwau mud,[265] ond trwy bregethu bywiol o'i Air.[266]

DYDD YR ARGLWYDD 36

99. *Am beth y gofynnir yn y trydydd gorchymyn?*

Na ddylem halogi neu gamddefnyddio enw Duw trwy felltithio,[267] tyngu llw'n dwyllodrus,[268] neu'n rhyfygus;[269] na chwaith gyfrannu at y fath bechodau ofnadwy drwy gadw'n dawel;[270] ond, yn hytrach, dylem ddefnyddio enw sanctaidd Duw gyda pharchedig ofn yn unig,[271] fel y caiff ei gyffesi'n gywir[272] a'i addoli gennym,[273] a'i ogoneddu yn ein holl eiriau a'n gweithredoedd.[274]

---

265 Jer. 10:8; Hab. 2:18-20
266 Rhuf. 10:14-15, 17; 2 Tim. 3:16-17; 2 Pedr 1:19
267 Lef. 24:10-17
268 Lef. 19:12
269 Math. 5:37; Iago 5:12
270 Lef. 5:1; Diar. 29:24
271 Salm 99:1-5; Jer. 4:2
272 Math. 10:32-33; Rhuf. 10:9-10
273 Salm. 50:14-15; 1 Tim. 2:8
274 Col. 3:17

100. *A yw halogi enw Duw trwy dyngu a melltithio yn bechod mor ddifrifol, felly, fel bod ei ddicter yn cynnau yn erbyn y rhai hynny nad ydynt yn ymdrechu gymaint ag y gallent i atal a gwahardd y fath tyngu a chablu?*

Ydy, heb os;[275] oherwydd nid oes yr un pechod sy'n fwy nac un sy'n cythruddo Duw'n fwy na halogi ei enw; a dyna pam y gorchmynnodd iddo gael ei gosbi â marwolaeth.[276]

DYDD YR ARGLWYDD 37

101. *A gawn ni dyngu llw i enw Duw mewn modd gywir?*

Cawn, pan fydd y llywodraeth yn ei ofyn, neu pan fo'n angenrheidiol, er mwyn cynnal a hyrwyddo ffyddlondeb a gwirionedd er gogoniant Duw ac er diogelwch ein cymydog; mae'r fath lwon wedi eu seilio ar Air Duw,[277] a chawsant eu defnyddio'n gywir gan gredinwyr yn yr Hen Destament a'r Newydd.[278]

102. *A gawn ni hefyd dyngu i enw seintiau neu greaduriaid eraill?*

Na chawn. Mae llw cyfreithlon yn galw ar Dduw, fel yr unig un sy'n adnabod y galon, i fod yn dyst i'r gwirionedd ac i'm cosbi os wyf yn tyngu'n gelwyddog.[279] Nid yw'r un creadur yn haeddu'r fath anrhydedd.[280]

---

275 Lef. 5:1
276 Lef. 24:10-17
277 Deut. 6:13; 10:20; Jer. 4:1-2; Heb. 6:16
278 Gen. 21:24; Jos. 9:15; 1 Bren. 1:29-30; Rhuf. 1:9; 2 Cor. 1:23
279 Rhuf. 9:1; 2 Cor. 1:23
280 Math. 5:34-37; 23:16-22; Iago 5:12

DYDD YR ARGLWYDD 38

103. *Beth mae Duw'n ei ofyn yn y pedwerydd gorchymyn?*

Yn gyntaf, bod gweinidogaeth yr efengyl a'r ysgolion i'w cynnal;[281] a'm bod i, yn enwedig ar y Saboth, hynny yw, ar y dydd o orffwys, yn mynychu eglwys Dduw yn ddiwyd[282] i wrando ei Air,[283] i gyfranogi o'r sacramentau,[284] i alw ar yr Arglwydd yn gyhoeddus,[285] ac i gyfrannu at reidiau'r tlodion, fel sy'n weddus i Gristion.[286] Yn ail, fy mod ar hyd fy oes yn ymatal â'm gweithredoedd drwg, ac yn ildio fy hun i'r Arglwydd, iddo weithio drwy'r Ysbryd Glân ynof; a thrwy hynny dechrau'r Saboth tragwyddol yn y bywyd hwn.[287]

DYDD YR ARGLWYDD 39

104. *Beth mae Duw'n ei ofyn yn y pumed gorchymyn?*

Fy mod yn dangos anrhydedd, cariad a ffyddlondeb i'm tad a'm mam ac i bawb sydd mewn awdurdod drosof; fy mod i'n ymostwng yn ufudd i'w hyfforddiant a'u disgyblaeth da;[288] a hefyd fy mod yn amyneddgar â'u

---

281 Deut. 6:4-9, 20-25; 1 Cor. 9:13-14; 2 Tim. 2:2; 3:13-17; Tit. 1:5

282 Deut. 12:5-12; Salm 40:9-10; 68:26; Act. 2:42-47; Heb. 10:23-25

283 Rhuf. 10:14-17; 1 Cor. 14:31-32; 1 Tim. 4:13

284 1 Cor. 11:23-25

285 Col. 3:16; 1 Tim. 2:1

286 Salm 50:14; 1 Cor. 16:2; 2 Cor. 8 a 9

287 Es. 66:23; Heb. 4:9-11

288 Ex. 21:17; Diar. 1:8; 4:1; Rhuf. 13:1-2; Eff. 5:21-22; 6:1-9; Col. 3:18- 4:1

methiannau,[289] am fod Duw'n ewyllysio ein llywodraethu drwyddynt.[290]

DYDD YR ARGLWYDD 40

105. *Beth mae Duw'n ei ofyn yn y chweched gorchymyn?*

Nad wyf fi fy hun, na thrwy rywun arall, i ddianrhydeddu, casáu, clwyfo, na lladd fy nghymydog, yn fy meddyliau, fy ngeiriau, f'ystumiau, llai fyth mewn gweithred;[291] ond, yn hytrach, yr wyf i roi heibio bob awydd i ddial;[292] ac, yn ogystal, nad wyf i anafu fy hun, na'm gosod fy hun mewn perygl yn fwriadol.[293]   Felly, hefyd, mae'r llywodraeth yn dwyn y cledd i atal llofruddiaeth.[294]

106. *A yw'r gorchymyn hwn yn sôn am lofruddiaeth yn unig?*

Wrth wahardd llofruddiaeth mae Duw'n ein dysgu ei fod yn casáu gwraidd llofruddiaeth, sef eiddigedd, casineb, dicter, a'r dymuniad i ddial;[295] a'i fod yn ystyried y rhai hyn i gyd yn llofruddiaeth.[296]

107. *A yw'n ddigon, felly, nad ydym yn llofruddio neb mewn modd o'r fath?*

Nac ydyw, oherwydd pan fo Duw'n gwahardd eiddigedd,

289 Diar. 20:20; 23:22; 1 Pedr 2:18
290 Math. 22:21; Rhuf. 13:1-8; Eff. 6:1-9; Col. 3:18-21
291 Gen. 9:6; Lef. 19:17-18; Math. 5:21-22; 26:52
292 Diar. 25:21-22; Math. 18:35; Rhuf. 12:19; Eff. 4:26
293 Math. 4:7; 26:52; Rhuf. 13:11-14
294 Gen. 9:6; Ex. 21:14; Rhuf. 13:4
295 Diar. 14:30; Rhuf. 1:29; 12:19; Gal. 5:19-21; 1 Ioan 2:9-11
296 1 Ioan 3:15

casineb, a dicter mae'n ein gorchymyn i garu'n cymydog fel ni ein hunain,[297] i ddangos amynedd, heddwch, addfwynder, trugaredd a chyfeillgarwch tuag ato,[298] i'w amddiffyn rhag niwed cymaint ag y gallwn, ac i wneud daioni, hyd yn oed i'n gelynion.[299]

DYDD YR ARGLWYDD 41

108. *Beth mae'r seithfed gorchymyn yn ein dysgu?*

Bod Duw'n condemnio pob anniweirdeb;[300] ac felly bod yn rhaid i ni ei gasáu â'n holl galon,[301] a byw'n ddiwair ac yn weddus,[302] o fewn ac o'r tu allan i lân briodas.

109. *A yw Duw'n gwahardd godineb, neu bechodau gwarthus tebyg, yn unig yn y gorchymyn hwn?*

Gan mai temlau'r Ysbryd Glân yw ein corff a'n henaid, mae Duw'n ein gorchymyn i'w cadw'n lân ac yn sanctaidd; ac mae'n gwahardd, felly, pob gweithred, ystum, gair, meddwl, a dyhead anniwair,[303] ac unrhyw beth allasai ein denu at anniweirdeb.[304]

---

297 Math. 7:12; 22:39; Rhuf. 12:10

298 Math. 5:3-12; Luc 6:36; Rhuf. 12:10, 18; Gal. 6:1-2; Eff. 4:2; Col. 3:12; 1 Pedr. 3:8

299 Ex. 23:4-5; Math. 5:44-45; Rhuf. 12:20-21 (Diar. 25:21-22)

300 Lef. 18:30; Eff. 5:3-5

301 Jwdas 22-23

302 1 Cor. 7:1-9; 1 Thes. 4:3-8; Heb. 13:4

303 Math. 5:27-29; 1 Cor. 6:18-20; Eff. 5:3-4

304 1 Cor. 15:33; Eff. 5:18

DYDD YR ARGLWYDD 42

110. *Beth mae Duw'n ei wahardd yn yr wythfed gorchymyn?*

Mae Duw'n gwahardd, nid yn unig y lladradau ac ysbeiliadau hynny y mae'r awdurdodau sifil yn eu cosbi;[305] ond mae Duw hefyd yn diffinio lladrata fel pob twyll ac ystryw a ddefnyddiwn i geisio cymryd eiddo'n cymydog i ni'n hunain;[306] p'un ai trwy rym, neu drwy esgus hawl, megis trwy bwysau a mesurau ffug, nwyddau twyllodrus, arian ffug, usuriaeth, neu unrhyw ddull arall a waherddir gan Dduw;[307] a hefyd pob trachwant,[308] a phob cam-ddefnydd a gwastraff o'i roddion.[309]

111. *Beth mae Duw'n ei ofyn yn y gorchymyn hwn?*

Fy mod yn gwneud popeth y gallaf er lles fy nghymydog, a'i drin fel yr hoffwn i eraill fy nhrin i; ac ymhellach, fy mod yn gweithio'n ffyddlon, fel y gallaf rannu gyda'r rhai sydd mewn angen.[310]

DYDD YR ARGLWYDD 43

112. *Beth a ofynnir gennym yn y nawfed gorchymyn?*

Nad wyf i ddwyn gamdystiolaeth yn erbyn neb, neu i

---

305 Ex. 22:1; 1 Cor. 5:9-10; 6:9-10

306 Micha 6:9-11; Luc 3:14; Iago 5:1-6

307 Deut. 25:13-16; Salm 15:5; Diar. 11:1; 12:22; Esec. 45:9-12; Luc 6:35

308 Luc 12:15; Eff. 5:5

309 Diar. 21:20; 23:20-21; Luc 16:10-13

310 Es. 58:5-10; Math. 7:12; Gal. 6:9-10; Eff. 4:28

wyrdroi geiriau neb; nad wyf i enllibio neu sarhau neb; nad wyf i farnu, nac ymuno ag eraill i gondemnio neb yn fyrbwyll neu heb wrandawiad;[311] ond fy mod i osgoi pob math o gelwydd a thwyll, fel gweithiau'r diafol, os nad wyf am ddwyn arnaf ddigofaint dwys Duw;[312] yn yr un modd, fy mod, ym mhob barn a thrafodaeth, yn caru'r gwirionedd, yn ei siarad yn gywir ac yn agored;[313] a'm bod hefyd, gymaint ag y gallaf, i amddiffyn a hyrwyddo anrhydedd ac enw da fy nghymydog.[314]

DYDD YR ARGLWYDD 44

113. *Beth a ofynnir gennym yn y degfed gorchymyn?*

Nad yw hyd yn oed y duedd neu feddwl lleiaf sy'n groes i unrhyw un o orchmynion Duw fyth i godi yn ein calonnau; ond ein bod bob amser i gasáu pechod â'n holl galon, ac ymhyfrydu yn yr hyn sy'n iawn.[315]

114. *A all y rhai hynny sydd wedi eu troi at Dduw gadw'r gorchmynion yma'n berffaith?*

Na, gan mai dim ond dechreuad bach o'r ufudd-dod hwn sydd gan hyd yn oed y rhai mwyaf sanctaidd tra yn y byd hwn;[316] serch hynny, maent yn dechrau byw yn ôl

---

311 Salm 15; Diar. 19:5; Math. 7:1; Luc 6:37; Rhuf. 1:28-32
312 Lef. 19:11-12; Diar. 12:22; 13:5; Ioan 8:44; Dat. 21:8
313 1 Cor. 13:6; Eff. 4:25
314 1 Pedr 3:8-9; 4:8
315 Salm 19:7-14; 139:23-24; Rhuf. 7:7-8
316 Preg. 7:20; Rhuf. 7:14-15; 1 Cor. 13:9; 1 Ioan 1:8-10

pob un o orchmynion Duw, ac nid rhai yn unig, a hynny gyda phenderfyniad didwyll.[317]

115. *Pam bod Duw'n mynnu bod y Deg Gorchymyn yn cael eu pregethu mor gywir, os na all neb eu cadw'n y byd hwn?*

Fel ein bod, yn gyntaf, yn dod i adnabod fwyfwy ein natur bechadurus ar hyd ein bywyd, ac felly'n dod yn fwy eiddgar i edrych am faddeuant pechodau a chyfiawnder yng Nghrist;[318] ac, yn yr un modd, ein bod yn gweddïo ar Dduw am ras yr Ysbryd Glân, fel y down i gydymffurfio'n fwy i ddelw Duw, nes ein bod yn cyrraedd y perffeithrwydd hwnna a addewir i ni mewn bywyd i ddod.[319]

Gweddi

DYDD YR ARGLWYDD 45

116. *Pam bod gweddi'n angenrheidiol i Gristnogion?*

Am mai gweddi yw'r rhan bennaf o'r diolchgarwch hwnnw y mae Duw'n ei ddisgwyl gennym;[320] a hefyd, am fod Duw'n rhoi ei ras a'i Ysbryd Glân yn unig i'r rhai hynny sy'n eu dymuno'n ddidwyll, yn eu ceisio'n barhaus, ac yn ddiolchgar amdanynt.[321]

---

317 Salm 1:1-2; Rhuf. 7:22-25; Phil. 3:12-16
318 Salm 32:5; Rhuf. 3:19-26; 7:7, 24-25; 1 Ioan 1:9
319 1 Cor. 9:24; Phil. 3:12-14; 1 Ioan 3:1-3
320 Salm 50:14-15; 116:12-19; 1 Thes. 5:16-18
321 Math. 7:7-8; Luc 11:9-13

117. *Pa bethau sy'n angenrheidiol mewn gweddi i'w gwneud yn dderbyniol gan Dduw ac iddi gael ei chlywed?*

Yn gyntaf, ein bod, o'n calon, yn gweddïo ar yr un gwir Dduw yn unig, yr un sydd wedi ei ddatguddio'i hun i ni yn ei Air, am bopeth y mae wedi ein gorchymyn ni i weddïo amdanynt;[322] yn ail, ein bod yn cydnabod ein gwir angen a'n trueni, fel y gallwn ymostwng yn isel ym mhresenoldeb ei fawredd dwyfol;[323] yn drydydd, ein bod yn argyhoeddedig y bydd Ef, er nad ydym yn ei haeddu, yn sicr o glywed ein gweddi, er mwyn Crist ein Harglwydd, fel mae wedi addo i ni yn ei Air.[324]

118. *Am beth mae Duw wedi ein gorchymyn i ni ei ofyn ganddo?*

Am bopeth sy'n angenrheidiol ar gyfer corff ac enaid,[325] fel mae Crist ein Harglwydd wedi ei grynhoi yn y weddi honno y mae Ef ei hun wedi ei dysgu i ni.

119. *Beth yw'r weddi honno?*

Ein Tad, yr hwn wyt yn y nefoedd, sancteiddier dy enw. Deled dy deyrnas. Gwneler dy ewyllys, megis yn y nef, felly ar y ddaear hefyd. Dyro i ni heddiw ein bara beunyddiol. A maddau i ni ein dyledion, fel y maddeuwn ninnau i'n dyledwyr. Ac nac arwain ni i brofedigaeth; eithr gwared ni rhag drwg. Canys eiddot ti yw'r deyrnas, a'r nerth, a'r gogoniant, yn oes oesoedd. Amen.[326]

---

322 Salm 145:18-20; Ioan 4:22-24; Rhuf. 8:26-27; Iago 1:5; 1 Ioan 5:14-15
323 2 Cron. 7:14; Salm 2:11; 34:18; 62:8; Es. 66:2; Dat. 4
324 Dan. 9:17-19; Math. 7:8; Ioan 14:13-14; 16:23; Rhuf. 10:13; Iago 1:6
325 Iago 1:17; Math. 6:33
326 Math. 6:9-13 (BWM); Luc 11:2-4

DYDD YR ARGLWYDD 46

120. *Pam bod Crist wedi'n gorchymyn ni i gyfarch Duw gan ddweud, "Ein Tad"?*

I ennyn ynom, o'r cychwyn cyntaf, yr hyn a ddylai fod yn sylfaenol i'n gweddi, sef parchedig ofn a hyder, fel plentyn, yn Nuw, gan fod Duw wedi dod yn Dad i ni yng Nghrist, ac na fyddai'n gwadu i ni'r hyn a ofynnwn ganddo mewn ffydd mwy nag y byddai ein rhieni yn gwadu pethau daearol i ni.[327]

121. *Pam caiff y geiriau "yr hwn wyt yn y nefoedd" eu hychwanegu yma?*

Fel na feddyliwn am fawredd nefol Duw mewn termau daearol,[328] ac fel y gallwn ddisgwyl bob peth sy'n angenrheidiol i gorff ac enaid o'i nerth hollalluog.[329]

DYDD YR ARGLWYDD 47

122. *Beth yw'r deisyfiad cyntaf?*

"Sancteiddier dy enw"; sef, caniatâ, yn gyntaf, i ni d'adnabod yn gywir,[330] ac i'th sancteiddio, dy ogoneddu a'th ganmol yn dy holl weithredoedd – gweithredoedd sy'n arddangos yn eglur dy nerth, doethineb, daioni,

---

327 Math. 7:9-11; Luc 11:11-13
328 Jer. 23:23-24; Act. 17:24-25
329 Math. 6:25-34; Rhuf. 8:31-32
330 Jer. 9:23-24; 31:33-34; Math. 16:17; Ioan 17:3

cyfiawnder, trugaredd a gwirionedd;[331] ac ymhellach, ein bod yn trefnu a chyfarwyddo'n holl fywyd, meddyliau, geiriau a gweithredoedd mewn modd na chaiff dy enw ei gablu, ond yn hytrach, ei anrhydeddu a'i glodfori.[332]

DYDD YR ARGLWYDD 48

123. *Beth yw'r ail ddeisyfiad?*

"Deled dy deyrnas"; sef, teyrnasa drosom trwy dy Air a'th Ysbryd, fel yr ymostyngwn fwyfwy i Ti;[333] cadwa dy eglwys ac ychwanega ati;[334] dinistria waith y diafol, a phob grym sy'n brwydro yn d'erbyn, a phob cynllwyn yn erbyn dy Air Sanctaidd;[335] hyd nes y daw perffeithrwydd dy deyrnas i fod, pan fyddi oll yn oll ynddi.[336]

DYDD YR ARGLWYDD 49

124. *Beth yw'r trydydd deisyfiad?*

"Gwneler dy ewyllys, megis yn y nef, felly ar y ddaear hefyd"; sef, gwêl yn dda ein bod ni, a phawb, yn troi ein cefn ar ein hewyllys ein hunain, ac ufuddhau i'th ewyllys cwbl dda di, heb gwyno;[337] ac i bawb gyflawni

---

331 Ex. 34:5-8; Salm 145; Jer. 32:16-20; Luc 1:46-55, 68-75; Rhuf. 11:33-36

332 Salm 115:1; Math. 5:16

333 Salm 119:5, 105; 143:10; Math. 6:33

334 Salm 122:6-9; Math. 16:18; Act. 2:42-47

335 Rhuf. 16:20; 1 Ioan 3:8

336 Rhuf. 8:22-23; 1 Cor. 15:28; Dat. 22:17, 20

337 Math. 7:21; 16:24-26; Luc 22:42; Rhuf. 12:1-2; Tit. 2:11-12

dyletswyddau eu galwedigaeth[338] mor ewyllysgar a ffyddlon ag y gwna'r angylion yn y nefoedd.[339]

DYDD YR ARGLWYDD 50

125. *Beth yw'r pedwerydd deisyfiad?*

"Dyro i ni heddiw ein bara beunyddiol"; sef, gwêl yn dda i'n darparu gyda phob peth sy'n angenrheidiol i'n corff,[340] fel y cawn dy gydnabod Di fel unig ffynhonnell pob daioni,[341] a chydnabod na all ein gofal na'n llafur, na hyd yn oed dy roddion, fod o les i ni heb dy fendith;[342] ac fel y cawn, felly, dynnu'n hymddiriedaeth oddi wrth bob creadur a'i roi ynot ti yn unig.[343]

DYDD YR ARGLWYDD 51

126. *Beth yw'r pumed deisyfiad?*

"A maddau i ni ein dyledion, fel y maddeuwn ninnau i'n dyledwyr", sef, gwêl yn dda, er mwyn gwaed Crist, i beidio â chyfrif ein camweddau yn ein herbyn ni, bechaduriaid gwael, na chwaith y llygredd hwnnw sy'n glynu wrthym yn barhaus;[344] maddau i ni yn yr un modd

---

338 1 Cor. 7:17-24; Eff. 6:5-9
339 Salm 103:20-21
340 Salm 104:27-30; 145:15-16; Math. 6:25-34
341 Act. 14:17; 17:25; Iago 1:17
342 Deut. 8:3; Salm 37:16; 127:1-2; 1 Cor. 15:58
343 Salm 55:22; 62; 146; Jer. 17:5-8; Heb. 13:5-6
344 Salm 51:1-7; 143:2; Rhuf. 8:1; 1 Ioan 2:1-2

ag yr ydym ni'n benderfynol i lwyr faddau ein cymydog fel tystiolaeth o'th ras ynom.[345]

DYDD YR ARGLWYDD 52

127. *Beth yw'r chweched deisyfiad?*

"Ac nac arwain ni i brofedigaeth; eithr gwared ni rhag drwg"; sef, gan ein bod mor wan fel na allwn sefyll am foment;[346] ac yn ogystal, gan nad yw ein gelynion marwol – y diafol,[347] y byd,[348] a'n cnawd ein hunain[349] – yn peidio ag ymosod arnom, cynhalia a chryfha ni drwy nerth yr Ysbryd Glân, fel na chawn ein maeddu yn y frwydr ysbrydol hon,[350] ond y byddwn yn gwrthsefyll ein gelynion yn ddi-baid ac yn egnïol nes i ni ennill buddugoliaeth lwyr yn y diwedd.[351]

128. *Sut wyt ti'n terfynu dy weddi?*

"Canys eiddot ti yw'r deyrnas, a'r nerth, a'r gogoniant, yn oes oesoedd"; sef, gofynnwn yr holl bethau yma gennyt am dy fod di, ein Brenin hollalluog, yn fodlon ac yn alluog i roi pob peth da i ni;[352] a gweddïwn hyn oll fel y caiff dy enw sanctaidd Di, ac nid ni, ei ogoneddu am byth.[353]

---

345 Math. 6:14-15; 18:21-35
346 Salm 103:14-16; Ioan 15:1-5
347 2 Cor. 11:14; Eff. 6:10-13; 1 Pedr 5:8
348 Ioan 15:18-21
349 Rhuf. 7:23; Gal. 5:17
350 Math. 10:19-20; 26:41; Marc 13:33; Rhuf. 5:3-5
351 1 Cor. 10:13; 1 Thes. 3:13; 5:23
352 Rhuf. 10:11-13; 2 Pedr 2:9
353 Salm 115:1; Ioan 14:13

129. *Beth yw ystyr y gair, "Amen"?*

Ystyr y gair "Amen" yw y bydd yn wir ac yn sicr, oherwydd mae'r gwirionedd bod Duw'n gwrando fy ngweddi yn sicrach nag yw fy nymuniad am y pethau y gweddïaf amdanynt.[354]

---

354 Es. 65:24; 2 Cor. 1:20; 2 Tim. 2:13

CATECISM BYRRAF WESTMINSTER

Ym 1643, yng nghanol Rhyfel Cartref Lloegr, cyhoeddodd y Senedd ordinhad yn galw ar gynulliad o ddiwinyddion i gwrdd yn Westminster, Llundain. Tasg y cynulliad oedd diwygio litwrgi, disgyblaeth a llywodraeth Eglwys Loegr ymhellach ar sail Gair Duw. Y nod oedd ei gwneud yn debycach i Eglwys yr Alban ac Eglwysi Diwygiedig y Cyfandir.

Treuliodd y cynulliad flynyddoedd ar ei dasg cyn cyhoeddi nifer o weithiau, gan gynnwys Cyffes Ffydd, Catecism Mwyaf a'r Catecism Byrraf a geir yma ym 1647.

Mae'r Catecism Byrraf yn un o'r catecismau enwocaf a gyfansoddwyd erioed. Y mae, o bosib, yn rhagori ar Gatecism Heidelberg a'r Hyfforddwr o ran diffiniadau a geirio gofalus, ond nid oes ganddo gynhesrwydd y ddau arall. Mae'n dilyn trefn rhesymegol yn hytrach na threfn hanesyddol Credo'r Apostolion, fel y gwna Catecism Heidelberg. Mae'n cyfarch y darllenydd fel rhywun o'r tu allan sydd â diddordeb ym mhethau Duw, yn hytrach na chrediniwr yn tyfu o flaen Duw.

Mae'r atebion yn enwog am eu diffiniadau cofiadwy, cryno, a manwl gywir; atebion sy'n gosod sylfaen gadarn i berson sydd am ddysgu hanfodion y Ffydd Gristnogol.

1. *Beth yw pwrpas pennaf dyn?*
   Pwrpas pennaf dyn yw gogoneddu Duw,[355] a'i fwynhau Ef am byth.[356]

2. *Pa reol a roddodd Duw i'n cyfarwyddo sut i'w ogoneddu a'i fwynhau Ef?*
   Yr unig reol i'n cyfarwyddo sut i ogoneddu Duw a'i fwynhau Ef[357] yw Gair Duw a geir yn ysgrythurau'r Hen Destament a'r Testament Newydd.[358]

3. *Beth yn bennaf mae'r ysgrythurau yn eu dysgu?*
   Mae'r ysgrythurau yn bennaf yn dysgu beth y mae dyn i'w gredu am Dduw[359] a pha ddyletswydd y mae Ef yn ei ddisgwyl gan ddyn.[360]

4. *Beth yw Duw?*
   Ysbryd yw Duw,[361] anfeidrol,[362] tragwyddol,[363] ac anghyfnewidiol[364] yn ei hanfod,[365] ei ddoethineb,[366]

---

355 Salm 86:9; Es. 60:21; Rhuf. 11:36; 1 Cor. 6:20; 10:31; Dat. 4:11.

356 Salm 16:5-11; 144:15; Es. 12:2; Luc 2:10; Phil. 4:4; Dat. 21:3-4.

357 Deut. 4:2; Salm 19:7-11; Es. 18:20; Ioan 15:11; 20:30-31; Act. 17:11; 2 Tim. 3:15-17; 1 Ioan 1:4.

358 Math. 19:4-5 gyda Gen. 2:24; Luc 24:27, 44; 1 Cor. 2:13; 14:37; 2 Pedr 1:20-21; 3:2, 15-16.

359 Gen. 1:1; Ioan 5:39; 20:31; Rhuf. 10:17; 2 Tim. 3:15.

360 Deut. 10:12-13; Josua 1:8; Salm 119:105; Micha 6:8; 2 Tim. 3:16-17.

361 Deut. 4:15-19; Luc 24:39; Ioan 1:18; 4:24; Act. 17:29

362 1 Bren. 8:27; Salm. 139:7-10; 145:3; 147:5; Jer. 23:24; Rhuf. 11:33-36

363 Deut. 33:27; Salm. 90:2; 102:12, 24-27; Dat. 1:4,8

364 Salm. 33:11; Mal. 3:6; Heb. 1:12; 6:17-18; 13:8; Iago 1:17

365 Ex. 3:14; Salm. 115:2-3; 1 Tim. 1:17; 6:15-16

366 Salm. 104:24; Rhuf. 11:33-34; Heb. 4:13; 1 Ioan 3:20

ei allu,[367] ei sancteiddrwydd,[368] ei gyfiawnder,[369] ei ddaioni[370] a'i wirionedd.[371]

5. *A oes mwy nag un Duw?*
   Dim ond un yn unig sydd,[372] sef y gwir a'r bywiol Dduw.[373]

6. *Sawl person sydd yn y Duwdod?*
   Y mae tri pherson yn y Duwdod: y Tad, y Mab, a'r Ysbryd Glân;[374] ac mae'r tri hyn yn un Duw, yr un o ran hanfod ac yn gydradd mewn grym a gogoniant.[375]

7. *Beth yw arfaeth Duw?*
   Arfaeth Duw yw ei fwriad tragwyddol, yn ôl cyngor ei ewyllys, trwy'r hon mae wedi rhagordeinio pob peth sy'n digwydd, er ei ogoniant ei hun.[376]

8. *Sut mae Duw'n gweithredu ei arfaeth?*
   Y mae Duw'n gweithredu ei arfaeth yng ngweithredoedd creadigaeth a rhagluniaeth.[377]

---

367 Gen. 17:1; Salm 62:11; Jer. 32:17; Math. 19:26; Dat. 1:8
368 Heb. 1:13; 1 Pedr 1:15-16; 1 Ioan 3:3, 5; Dat. 15:4
369 Gen. 18:25; Ex. 34:6-7; Deut. 32:4; Salm 96:13; Rhuf. 3:5, 26
370 Salm 103:5; 107:8; Math. 19:17; Rhuf. 2:4
371 Ex. 34:6; Deut. 32:4; Salm 86:15; 117:2; Heb. 6:18
372 Deut. 6:4; Es. 44:6; 45:21-22; 1 Cor. 8:4-6
373 Jer. 10:10; Ioan 17:3; 1 Thes. 1:9; 1 Ioan 5:20
374 Math. 3:16-17; 28:19; 2 Cor. 13:14; I Pedr 1:2
375 Jer. 10:10; Ioan 17:3; 1 Thes. 1:9; 1 Ioan 5:20
376 Salm 33:11; Es. 14:24; Act. 2:23; Eff. 1:11-12
377 Salm 148:8; Es. 40:26; Dan. 4:35; Act. 4:24-28; Dat. 4:11

9. *Beth yw'r gwaith o greadigaeth?*
   Y gwaith o greadigaeth yw, Duw'n creu pob peth o ddim, trwy air ei nerth,[378] mewn chwe diwrnod, a'r cyfan yn dda iawn.[379]

10. *Sut creodd Duw ddyn?*
    Creodd Duw ddyn yn wryw a benyw, ar ei ddelw ei hun,[380] mewn gwybodaeth,[381] cyfiawnder a sancteiddrwydd,[382] gydag arglwyddiaeth dros y creaduriaid.[383]

11. *Beth yw gweithredoedd rhagluniaeth Duw?*
    Gweithredoedd rhagluniaeth Duw yw ei waith cwbl sanctaidd,[384] doeth[385] a nerthol[386] yn cynnal[387] ac yn llywodraethu[388] ei holl greaduriaid a'u holl weithredoedd.[389]

12. *Pa weithred arbennig o ragluniaeth a wnaeth Duw i ddyn pan greodd ef yn y dechrau?*
    Pan greodd Duw ddyn, fe wnaeth gyfamod bywyd ag ef ar yr amod ei fod yn berffaith ufudd iddo; gan wahardd

---

378 Gen. 1:1; Salm 33:6, 9; Heb. 11:3
379 Gen. 1:31
380 Gen. 1:27
381 Col. 3:10
382 Eff. 4:24
383 Gen. 1:28; *gwel.* Salm 8
384 Salm 145:17
385 Salm 104:24
386 Heb. 1:3
387 Neh. 9:6
388 Eff. 1:19-22
389 Salm 36:6; Diar. 16:33; Math. 10:30

iddo, ar boen marwolaeth, fwyta o bren gwybodaeth da a drwg.[390]

13. *A barhaodd ein rhieni cyntaf yn y cyflwr y crëwyd hwynt ynddo?*
Wedi eu gadael i ryddid eu hewyllys eu hunain, cwympodd ein rhieni cyntaf, o'r cyflwr y cawsant eu creu ynddo, trwy bechu yn erbyn Duw.[391]

14. *Beth yw pechod?*
Pechod yw diffyg cydymffurfiad â chyfraith Duw neu drosedd yn ei herbyn.[392]

15. *Beth oedd y pechod a achosodd gwymp ein rhieni cyntaf o'r cyflwr y crëwyd hwynt ynddo?*
Y pechod oedd bwyta o ffrwyth y pren oedd wedi ei wahardd.[393]

16. *A gwympodd y ddynoliaeth i gyd yn nhrosedd gyntaf Adda?*
Gan fod y cyfamod wedi ei wneud ag Adda,[394] nid yn unig drosto ef ei hun, ond dros ei holl hiliogaeth hefyd; ac am fod yr holl ddynolryw yn tarddu ohono trwy genhedliad naturiol, pechodd yr holl ddynoliaeth ynddo ef, a syrthio gydag ef, yn ei drosedd gyntaf.[395]

---

390 Gen. 2:16-17; Iago 2:10
391 Gen. 3:6-8, 13; 2 Cor. 11:3
392 Lef. 5:17; Iago 4:17; 1 Ioan 3:4
393 Gen. 3:6
394 Gen. 2:16-17; Iago 2:10
395 Rhuf. 5:12-21; 1 Cor. 15:22

17. *I ba gyflwr y dygodd y cwymp ddynoliaeth?*
Daeth y cwymp â'r ddynoliaeth i gyflwr o bechod ac o drueni.[396]

18. *Beth yw natur y cyflwr o bechod hwnnw y syrthiodd y ddynoliaeth iddo?*
Natur y cyflwr o bechod hwnnw y syrthiodd y ddynoliaeth iddo yw euogrwydd ym mhechod cyntaf Adda,[397] diffyg cyfiawnder cynhenid[398] a llygredigaeth ei holl natur[399] (pechod gwreiddiol fel y'i gelwir); ynghyd â'r holl droseddau gweithredol sy'n tarddu ohono.[400]

19. *Beth yw trueni'r cyflwr y syrthiodd y ddynoliaeth iddo?*
Trwy'r cwymp collodd yr holl ddynoliaeth gymundeb â Duw;[401] maent o dan ei ddicter[402] a'i felltith[403] ac felly'n agored i ddioddef pob trueni yn y bywyd hwn,[404] i farwolaeth ei hun,[405] ac i boenau uffern am byth.[406]

20. *A adawodd Duw'r holl ddynoliaeth i farw mewn cyflwr o bechod a thrueni?*

396 Gen. 3:16-19, 23; Rhuf. 3:16; 5:12; Eff. 2:1
397 Rhuf. 5:12, 19
398 Rhuf. 3:10; Col. 3:10; Eff. 4:24
399 Salm 51:5; Ioan 3:6; Rhuf. 3:18; 8:7-8; Eff. 2:3
400 Gen. 6:5; Salm 53:1-3; Math. 15:19; Rhuf. 3:10-18, 23; Gal. 5:19-21; Iago 1:14-15
401 Gen. 3:8, 24; Ioan 8:34, 42, 44; Eff. 2:12; 4:18
402 Ioan 3:36; Rhuf. 1:18; Eff. 2:3; 5:6
403 Gal. 3:10; Dat. 22:3
404 Gen. 3:16-19; Job 5:7; Preg. 2:22-23; Rhuf. 8:18-23
405 Esec. 18:4; Rhuf. 5:12; 6:23
406 Math. 25:41, 46; 2 Thes. 1:9; Dat. 14:9-11

Wedi iddo, o dragwyddoldeb, ac o haelioni ei ewyllys yn unig, ethol rhai i fywyd tragwyddol,[407] sefydlodd Duw gyfamod gras, i'w gwaredu nhw o'u cyflwr o bechod a thrueni, a'u harwain i gyflwr o iachawdwriaeth trwy law Prynwr.[408]

21. *Pwy yw Prynwr etholedigion Duw?*
Unig Brynwr etholedigion Duw yw'r Arglwydd Iesu Grist;[409] yr hwn, ac yntau'n Fab tragwyddol Duw,[410] a ddaeth yn ddyn,[411] ac felly yr oedd, ac y mae'n parhau i fod, yn Dduw a dyn mewn dwy natur wahanol ond yn un person yn dragywydd.[412]

22. *Sut daeth Crist, ac yntau'n Fab Duw, yn ddyn?*
Daeth Crist, Mab Duw, yn ddyn, trwy gymryd ato'i hun wir gorff, ac enaid rhesymol,[413] wedi ei genhedlu trwy nerth yr Ysbryd Glân, yng nghroth y Forwyn Fair, a'i eni ohoni,[414] eto heb bechod.[415]

---

407 Act. 13:48; Eff. 1:4-5; 2 Thes. 2:13-14
408 Gen. 3:15; 17:7; Ex. 19:5-6; Jer. 31:31-34; Math. 20:28; 1 Cor. 11:25; Heb. 9:15
409 Ioan 14:6; Act. 4:12; 1 Tim. 2:5-6
410 Salm 2:7; Math. 3:17; 17:5; Ioan 1:18
411 Es. 9:6; Math. 1:23; Ioan 1:14; Gal. 4:4
412 Act. 1:11; Heb. 7:24-25
413 Phil. 2:7; Heb. 2:14, 17
414 Luc 1:27, 31, 35
415 2 Cor. 5:21; Heb. 4:15; 7:26; 1 Ioan 3:5

23. *Pa swyddi mae Crist yn eu cyflawni fel ein Prynwr?*
Mae Crist yn cyflawni swyddi Proffwyd,[416] Offeiriad,[417] a Brenin,[418] yn ei gyflwr o ddarostyngiad ac o ddyrchafiad.

24. *Sut mae Crist yn cyflawni swydd Proffwyd?*
Mae Crist yn cyflawni swydd Proffwyd wrth ddatguddio ewyllys Duw er ein hiachawdwriaeth i ni,[419] trwy ei Air[420] a'i Ysbryd.[421]

25. *Sut mae Crist yn cyflawni swydd Offeiriad?*
Mae Crist yn cyflawni swydd Offeiriad wrth offrymu ei hun yn aberth unwaith ac am byth er mwyn bodloni cyfiawnder dwyfol[422] a'n cymodi â Duw;[423] ac wrth eiriol drosom yn wastadol.[424]

26. *Sut mae Crist yn cyflawni swydd Brenin?*
Mae Crist yn cyflawni swydd Brenin wrth ein darostwng ni iddo'i hun, wrth ein llywodraethu a'n hamddiffyn,[425] ac wrth rwystro a gorchfygu ei holl elynion ef a'n gelynion ninnau.[426]

---

416 Deut. 18:18; Act. 2:33; 3:22-23; Heb. 1:1-2
417 Heb. 4:14-15; 5:5-6
418 Es. 9:6-7; Luc 1:32-33; Ioan 18:37; 1 Cor. 15:25
419 Ioan 4:41-42; 20:30-31
420 Luc 4:18-19, 21; Act. 1:1-2; Heb. 2:3
421 Ioan 15:26-27; Act. 1:8; 1 Pedr 1:11
422 Es. 53; Act. 8:32-35; Heb. 9:26-28; 10:12
423 Rhuf. 5:10-11; 2 Cor. 5:18; Col. 1:21-22
424 Rhuf. 8:34; Heb. 7:25; 9:24
425 Salm 110:3; Math. 28:18-20; Ioan 17:2; Col. 1:13
426 Salm 2:6-9; 110:1-2; Math. 12:28; 1 Cor. 15:24-26; Col. 2:15

27. *Beth oedd darostyngiad Crist?*

Darostyngiad Crist oedd cael ei eni, a hynny mewn cyflwr isel,[427] ei wneud dan y gyfraith;[428] dioddef gofidiau'r bywyd hwn,[429] digofaint Duw[430] ac angau melltigedig y groes;[431] ei gladdu, a'i ddal am gyfnod o dan rym marwolaeth.[432]

28. *Beth yw dyrchafiad Crist?*

Dyrchafiad Crist yw ei atgyfodi o'r meirw ar y trydydd dydd,[433] ei esgyn i'r nef,[434] ei eistedd ar ddeheulaw[435] Duw'r Tad, a'i ddod i farnu'r byd ar y dydd olaf.[436]

29. *Sut cawn ein gwneud yn gyfranogion o'r waredigaeth a brynwyd gan Grist?*

Cawn ein gwneud yn gyfranogion o'r waredigaeth a brynwyd gan Grist trwy gymhwysiad effeithiol ohoni i ni gan ei Ysbryd Glân.[437]

---

427 Luc 2:7; 2 Cor. 8:9; Gal. 4:4
428 Gal. 4:4
429 Es. 53:3; Luc 9:58; Ioan 4:6; 11:35; Heb. 2:18
430 Salm 22:1 (Math. 27:46); Es. 53:10; 1 Ioan 2:2
431 Gal. 3:13; Phil. 2:8
432 Math. 12:40; 1 Cor. 15:3-4
433 1 Cor. 15:4
434 Salm 68:18; Act. 1:11; Eff. 4:8
435 Salm 110:1; Act. 2:33-34; Heb. 1:3
436 Math. 16:27; Act. 17:31
437 Titus 3:4-7

30. *Sut mae'r Ysbryd yn cymhwyso'r waredigaeth a brynwyd gan Grist i ni?*

Mae'r Ysbryd yn cymhwyso'r waredigaeth a brynwyd gan Grist i ni, trwy greu ffydd ynom,[438] ac felly'n huno â Christ yn ein galwad effeithiol.[439]

31. *Beth yw galwad effeithiol?*

Gwaith Ysbryd Duw yw galwad effeithiol, yn ein hargyhoeddi o'n pechod a'n trueni, yn goleuo'n meddyliau yng ngwybodaeth Crist,[440] ac yn adnewyddu'n hewyllys,[441] er mwyn ein hargyhoeddi a'n galluogi i gofleidio Iesu Grist,[442] a gynigir yn rhad i ni yn yr Efengyl.[443]

32. *Pa freintiau a roddir i'r rhai sydd wedi eu galw'n effeithiol yn y bywyd hwn?*

Mae'r rhai sydd wedi eu galw'n effeithiol yn gyfrannog yn y bywyd hwn o gyfiawnhad, mabwysiad a sancteiddhad, a'r breintiau eraill a ddaw gyda hwynt ac sy'n llifo ohonynt.[444]

33. *Beth yw cyfiawnhad?*

Gweithred o rad ras Duw yw cyfiawnhad,[445] trwy'r hon mae'n maddau'n holl bechodau,[446] ac yn ein derbyn fel

---

438 Rhuf. 10:17; 1 Cor. 2:12-16; Eff. 2:8; Phil. 1:29

439 Ioan 15:5; 1 Cor. 1:9; Eff. 3:17

440 Act. 26:18; 1 Cor. 2:10, 12; 2 Cor. 4:6; Eff. 1:17-18

441 Deut. 30:6; Esec. 36:26-27; Ioan 3:5; Titus 3:5

442 Ioan 6:44-45; Act. 16:14

443 Es. 45:22; Math. 11:28-30; Dat. 22:17

444 Rhuf. 8:30; 1 Cor. 1:30; 6:11; Eff. 1:5

445 Rhuf. 3:24

446 Rhuf. 4:6-8; 2 Cor. 5:19

pe baem yn gyfiawn yn ei olwg,[447] a hynny yn unig ar sail cyfiawnder Crist a gyfrifir i ni,[448] ac a dderbynnir trwy ffydd yn unig.[449]

34. *Beth yw mabwysiad?*
Gweithred o rad ras Duw yw mabwysiad,[450] trwy'r hon y cawn ein derbyn i nifer plant Duw, a chael yr hawl i'w holl freintiau.[451]

35. *Beth yw sancteiddhad?*
Gweithred o rad ras Duw yw sancteiddhad,[452] trwy'r hon y cawn ein hadnewyddu yn ein holl berson i ddelw Duw,[453] a chawn ein galluogi'n gynyddol i farw i bechod, a byw i gyfiawnder.[454]

36. *Pa freintiau sy'n dod gyda neu'n deillio o gyfiawnhad, mabwysiad a sancteiddhad yn y bywyd hwn?*
Y breintiau sy'n dod gyda neu'n deillio o gyfiawnhad, mabwysiad a sancteiddhad yn y bywyd hwn yw, sicrwydd cariad Duw,[455] heddwch cydwybod,[456] llawenydd yn yr

---

447 2 Cor. 5:21
448 Rhuf. 4:6, 11; 5:19
449 Gal. 2:16; Phil. 3:9
450 1 Ioan 3:1
451 Ioan 1:12; Rhuf. 8:17
452 Esec. 36:27; Phil. 2:13; 2 Thes. 2:13
453 2 Cor. 5:17; Eff. 4:23-24; 1 Thes. 5:23
454 Esec. 36:25-27; Rhuf. 6:4, 6, 12-14; 2 Cor. 7:1; 1 Pedr 2:24
455 Rhuf. 5:5
456 Rhuf. 5:1

Ysbryd Glân,[457] cynnydd mewn gras,[458] a dyfalbarhad i'r diwedd.[459]

37. *Pa freintiau mae credinwyr yn eu derbyn gan Grist ym marwolaeth?*
Perffeithir eneidiau credinwyr mewn sancteiddrwydd[460] yn eu marwolaeth, ac fe ânt ar unwaith i ogoniant;[461] ac mae eu cyrff, sydd yn parhau mewn undeb â Christ,[462] yn gorffwys yn eu beddau hyd yr atgyfodiad.[463]

38. *Pa freintiau mae credinwyr yn eu derbyn gan Grist yn yr atgyfodiad?*
Cyfodir credinwyr mewn gogoniant yn yr atgyfodiad,[464] cânt eu cydnabod a'u rhyddfarnu'n gyhoeddus yn nydd y farn,[465] ac fe'i gwneir yn berffaith wynfydedig yn eu cyflawn fwynhad o Dduw[466] hyd dragwyddoldeb.[467]

39. *Pa ddyletswydd mae Duw'n ei ofyn gan berson?*
Y ddyletswydd mae Duw'n ei ofyn gan berson yw ufudd-dod i'w ewyllys ddatguddiedig.[468]

---

457 Rhuf. 14:17
458 2 Pedr 3:18
459 Phil. 1:6; 1 Pedr 1:5
460 Heb. 12:23
461 Luc 23:43; 2 Cor. 5:6, 8; Phil. 1:23
462 1 Thes. 4:14
463 Dan. 12:2; Ioan 5:28-29; Act. 24:15
464 1 Cor. 15:42-43
465 Math. 25:33-34, 46
466 Rhuf. 8:29; 1 Ioan 3:2
467 Salm 16:11; 1 Thes. 4:17
468 Deut. 29:29; Mic. 6:8; 1 Ioan 5:2-3

40. *Pa reol a ddatguddiodd Duw i'r ddynoliaeth yn y lle cyntaf er mwyn ufuddhau iddi?*
Y rheol a ddatguddiodd Duw i'r ddynoliaeth yn y lle cyntaf er mwyn ufuddhau iddi oedd y gyfraith foesol.[469]

41. *Ble cawn ni grynodeb o'r gyfraith foesol?*
Cawn grynodeb o'r gyfraith foesol yn y Deg Gorchymyn.[470]

42. *Beth yw swm y Deg Gorchymyn?*
Swm y Deg Gorchymyn yw, Caru'r Arglwydd ein Duw â'n holl galon, â'n holl enaid, â'n holl nerth, ac â'n holl feddwl; a'n cymydog fel ni ein hunain.

43. *Beth yw'r rhagymadrodd i'r Deg Gorchymyn?*
Y rhagymadrodd i'r Deg Gorchymyn yw: "Myfi yw'r ARGLWYDD dy Dduw, a'th arweiniodd allan o wlad yr Aifft, o dŷ caethiwed."[471]

44. *Beth mae'r rhagymadrodd hwn yn ei ddysgu i ni?*
Mae'n ein dysgu mai Duw yw'r Arglwydd, a'n Duw, a'n Prynwr, a'n bod yn rhwym i gadw ei holl orchmynion.[472]

45. *Beth yw'r gorchymyn cyntaf?*
Y gorchymyn cyntaf yw, "Na chymer dduwiau eraill ar wahân i mi."[473]

---

469 Rhuf. 2:14-15; 10:5
470 Deut. 4:13; Math. 19:17-19
471 Ex. 20:2; Deut. 5:6
472 Luc 1:74-75; 1 Pedr 1:14-19
473 Ex. 20:3; Deut. 5:7

46. *Beth mae'r gorchymyn cyntaf yn ei ofyn?*
    Mae'r gorchymyn cyntaf yn ein gofyn ni i adnabod Duw a chydnabod mai Ef yw'r unig wir Dduw, a'n Duw ni; ac felly i'w addoli a'i ogoneddu'n briodol.[474]

47. *Beth mae'r gorchymyn cyntaf yn ei wahardd?*
    Mae'r gorchymyn cyntaf yn gwahardd gwadu[475] neu wrthod addoli a gogoneddu'r gwir Dduw fel Duw,[476] a'n Duw ni;[477] a rhoi'r addoliad a'r gogoniant sy'n ddyledus iddo Ef yn unig i unrhyw un arall.[478]

48. *Beth mae'r geiriau "ar wahân i mi" yn ein dysgu?*
    Mae'r geiriau "ar wahân i mi" yn ein dysgu fod Duw, sy'n gweld pob peth, yn sylwi ar y pechod o gymryd duw arall ac y mae yn ddig iawn am hynny.[479]

49. *Beth yw'r ail orchymyn?*
    Yr ail orchymyn yw, "Na wna iti ddelw gerfiedig ar ffurf dim sydd yn y nefoedd uchod na'r ddaear isod nac yn y dŵr dan y ddaear; nac ymgryma iddynt na'u gwasanaethu, oherwydd yr wyf fi, yr ARGLWYDD dy Dduw, yn Dduw eiddigeddus; yr wyf yn cosbi'r plant am ddrygioni'r rhieni hyd y drydedd a'r bedwaredd genhedlaeth o'r rhai sy'n fy nghasáu, ond yn dangos

---

474 1 Cron. 28:9; Es. 45:20-25; Math. 4:10

475 Salm 14:1

476 Rhuf. 1:20-21

477 Salm 81:10-11

478 Esec. 8:16-18; Rhuf. 1:25

479 Deut. 30:17-18; Salm 44:20-21; Esec. 8:12

trugaredd i filoedd o'r rhai sy'n fy ngharu ac yn cadw fy ngorchmynion."[480]

50. *Beth mae'r ail orchymyn yn ei ofyn?*
Mae'r ail orchymyn yn gofyn i ni dderbyn, ymarfer a chadw'n bur bob addoliad ac ordinhad mae Duw wedi ei ordeinio yn ei air.[481]

51. *Beth mae'r ail orchymyn yn ei wahardd?*
Mae'r ail orchymyn yn gwahardd addoli Duw trwy ddelwau,[482] neu mewn unrhyw ffordd nad yw wedi ei hordeinio yn ei Air.[483]

52. *Pa resymau a roddir am yr ail orchymyn?*
Y rhesymau a roddir am yr ail orchymyn yw penarglwyddiaeth Duw drosom,[484] ei hawl arnom,[485] a'i sêl i gael ei addoli'n gywir.[486]

53. *Beth yw'r trydydd gorchymyn?*
Y trydydd gorchymyn yw: "Na chymer enw'r ARGLWYDD dy Dduw yn ofer, oherwydd ni fydd yr ARGLWYDD yn ystyried yn ddieuog y sawl sy'n cymryd ei enw'n ofer."[487]

---

480 Ex. 20:4-6; Deut. 5:8-10
481 Deut. 12:32; Math. 28:20
482 Deut. 4:15-19; Rhuf. 1:22-23
483 Lef. 10:1-2; Jer. 19:4-5; Col. 2:18-23
484 Salm 95:2-3, 6-7; 96:9-10
485 Ex. 19:5; Salm 45:11; Es. 54:5
486 Ex. 34:14; 1 Cor. 10:22
487 Ex. 20:7; Deut. 5:11

54. *Beth mae'r trydydd gorchymyn yn ei ofyn?*
Mae'r trydydd gorchymyn yn gofyn i ni arfer enwau, teitlau,[488] priodoleddau,[489] ordinhadau,[490] Gair[491] a gweithredoedd[492] Duw gyda pharch a sancteiddrwydd.

55. *Beth mae'r trydydd gorchymyn yn ei wahardd?*
Mae'r trydydd gorchymyn yn gwahardd halogi a chamarfer y cyfryngau y mae Duw yn eu defnyddio i'w amlygu ei hun.[493]

56. *Pa reswm a roddir am y trydydd gorchymyn?*
Y rheswm a roddir am y trydydd gorchymyn yw na fydd yr Arglwydd ein Duw yn caniatáu i droseddwyr y gorchymyn hwn ddianc rhag cosb ei farn gyfiawn, hyd yn oed os llwyddant i ddianc rhag cosb dynion.[494]

57. *Beth yw'r pedwerydd gorchymyn?*
Y pedwerydd gorchymyn yw: "Cofia'r dydd Saboth, i'w gadw'n gysegredig. Chwe diwrnod yr wyt i weithio a gwneud dy holl waith, ond y mae'r seithfed dydd yn Saboth yr ARGLWYDD dy Dduw; na wna ddim gwaith y dydd hwnnw, ti na'th fab, na'th ferch, na'th was, na'th forwyn, na'th anifail, na'r estron sydd o fewn

---

488 Deut. 10:20; Salm 29:2; Math. 6:9
489 1 Cron. 29:10-13; Dat. 15:3-4
490 Act. 2:42; 1 Cor. 11:27-28
491 Salm 138:2; Dat. 22:18-19
492 Salm 107:21-22; Dat. 4:11
493 Lef. 19:12; Math. 5:33-37; Iago 5:12
494 Deut. 28:58-59; 1 Sam. 3:13; 4:11

dy byrth; oherwydd mewn chwe diwrnod y gwnaeth yr ARGLWYDD y nefoedd a'r ddaear, y môr a'r cyfan sydd ynddo; ac ar y seithfed dydd fe orffwysodd; am hynny, bendithiodd yr ARGLWYDD y dydd Saboth a'i gysegru."[495]

58. *Beth mae'r pedwerydd gorchymyn yn ei ofyn?*
Mae'r pedwerydd gorchymyn yn gofyn i ni gadw'n sanctaidd i Dduw yr amserau hynny a ordeiniodd Ef yn ei air; yn benodol un diwrnod o'r saith, i fod yn Saboth sanctaidd iddo Ef.[496]

59. *Pa ddydd o'r saith a ordeiniodd Duw'n Saboth wythnosol?*
O ddechreuad y byd hyd atgyfodiad Crist ordeiniodd Duw'r seithfed dydd yn Saboth wythnosol;[497] ond oddi ar hynny, ordeiniodd ddydd cyntaf yr wythnos yn Saboth Cristnogol hyd ddiwedd y byd.[498]

60. *Sut mae'r Saboth i'w gysegru?*
Mae'r Saboth i'w gysegru trwy orffwys sanctaidd ar hyd y dydd, gan orffwys, hyd yn oed, oddi wrth orchwylion bydol ac adloniant sy'n gyfreithlon ar ddyddiau eraill;[499] a threulio'r holl amser yn addoli Duw'n gyhoeddus ac yn ddirgel,[500] ar wahân i gyflawni gweithredoedd angenrheidiol a thrugarog.[501]

---

495 Ex. 20:8-11; Deut. 5:12-15
496 Ex. 31:13, 16-17
497 Gen. 2:2-3; Ex. 20:11
498 Marc 2:27-28; Act. 20:7; 1 Cor. 16:2; Dat. 1:10
499 Ex. 20:10; Neh. 13:15-22; Es. 58:13-14
500 Ex. 20:8; Lef. 23:3; Luc 4:16; Act. 20:7
501 Math. 12:1-13

61. *Beth mae'r pedwerydd gorchymyn yn ei wahardd?*
Mae'r pedwerydd gorchymyn yn gwahardd peidio â chyflawni neu gyflawni'n esgeulus y dyletswyddau hynny a orchmynnwyd, a halogi'r diwrnod trwy ddiogi, neu gyflawni gweithredoedd pechadurus, neu arddel meddyliau, geiriau neu weithredoedd dianghenraid ynghylch ein gorchwylion neu adloniant bydol.[502]

62. *Pa resymau a roddir am y pedwerydd gorchymyn?*
Y rhesymau a roddir am y pedwerydd gorchymyn yw, i Dduw ganiatáu chwe diwrnod o'r wythnos i ni ar gyfer ein gorchwylion ein hunain,[503] iddo hawlio'r seithfed iddo'i hun, ei esiampl ei hun, ac iddo fendithio'r dydd Saboth.[504]

63. *Beth yw'r pumed gorchymyn?*
Y pumed gorchymyn yw: "Anrhydedda dy dad a'th fam, er mwyn amlhau dy ddyddiau yn y wlad y mae'r ARGLWYDD yn ei rhoi iti."[505]

64. *Beth mae'r pumed gorchymyn yn ei ofyn?*
Mae'r pumed gorchymyn yn gofyn i ni anrhydeddu pawb, a chyflawni'r dyletswyddau sy'n briodol iddynt, yn eu gwahanol safleoedd, boed o radd uwch, is neu gydradd â ni.[506]

---

502 Neh. 13:15-22; Es. 58:13-14; Amos 8:4-6
503 Ex. 20:9; 31:15; Lef. 23:3
504 Gen. 2:2-3; Ex. 20:11; 31:17
505 Ex. 20:12; Deut. 5:16
506 Rhuf. 13:1, 7; Eff. 5:21-22, 24; 6:1, 4-5, 9; 1 Pedr 2:17

65. *Beth mae'r pumed gorchymyn yn ei wahardd?*
Mae'r pumed gorchymyn yn gwahardd esgeuluso, neu wrthwynebu, yr anrhydedd a dyletswydd a berthyn i bawb yn eu gwahanol safleoedd.[507]

66. *Pa reswm a roddir am y pumed gorchymyn?*
Y rheswm a roddir am y pumed gorchymyn yw addewid o fywyd hir a chyfoeth i'r rhai sy'n ufuddhau i'r gorchymyn (cyn belled ag yw'n gogoneddu Duw ac er eu lles).[508]

67. *Beth yw'r chweched gorchymyn?*
Y chweched gorchymyn yw: "Na ladd."[509]

68. *Beth mae'r chweched gorchymyn yn ei ofyn?*
Mae'r chweched gorchymyn yn gofyn am bob ymdrech gyfreithlon i amddiffyn ein bywydau ein hunain a bywydau eraill.[510]

69. *Beth mae'r chweched gorchymyn yn ei wahardd?*
Mae'r chweched gorchymyn yn gwahardd cymryd ein bywyd ein hunain, neu fywyd ein cymydog, yn anghyfreithlon, neu unrhyw ymddygiad sy'n tueddu tuag at hynny.[511]

---

507 Math. 15:4-6; Rhuf. 13:8
508 Ex. 20:12; Deut. 5:16; Eff. 6:2-3
509 Ex. 20:13; Deut. 5:17
510 Eff. 5:28-29
511 Gen. 9:6; Math. 5:22; 1 Ioan 3:15

70. *Beth yw'r seithfed gorchymyn?*
Y seithfed gorchymyn yw: "Na odineba."[512]

71. *Beth mae'r seithfed gorchymyn yn ei ofyn?*
Mae'r seithfed gorchymyn yn gofyn ein bod yn cadw ein diweirdeb ein hunain a'n cymydog mewn meddwl, ymadrodd ac ymddygiad.[513]

72. *Beth mae'r seithfed gorchymyn yn ei wahardd?*
Mae'r seithfed gorchymyn yn gwahardd pob meddwl, ymadrodd ac ymddygiad amhur.[514]

73. *Beth yw'r wythfed gorchymyn?*
Yr wythfed gorchymyn yw: "Na ladrata."[515]

74. *Beth mae'r wythfed gorchymyn yn ei ofyn?*
Mae'r wythfed gorchymyn yn gofyn ein bod yn cael a chynyddu ein cyfoeth ni ac eraill, trwy ddulliau cyfreithlon.[516]

75. *Beth mae'r wythfed gorchymyn yn ei wahardd?*
Mae'r wythfed gorchymyn yn gwahardd unrhyw weithred sydd yn dwyn, neu a allai ddwyn ein golud, neu olud ein cymydog, mewn modd anghyfiawn.[517]

---

512 Ex. 20:14; Deut. 5:18
513 1 Cor. 7:2-3, 5; 1 Thes. 4:3-5
514 Math. 5:28; Eff. 5:3-4
515 Ex. 20:15; Deut. 5:19
516 Lef. 25:35; Eff. 4:28b; Phil. 2:4
517 Diar. 28:19ff; Eff. 4:28a; 2 Thes. 3:10; 2 Tim. 5:8

76. *Beth yw'r nawfed gorchymyn?*
Y nawfed gorchymyn yw: "Na ddwg gamdystiolaeth yn erbyn dy gymydog."[518]

77. *Beth mae'r nawfed gorchymyn yn ei ofyn?*
Mae'r nawfed gorchymyn yn gofyn i ni gynnal a hyrwyddo gwirionedd rhwng pob person, ac enw da ein cymydog a ninnau,[519] yn arbennig wrth ddwyn tystiolaeth.[520]

78. *Beth mae'r nawfed gorchymyn yn ei wahardd?*
Mae'r nawfed gorchymyn yn gwahardd yr hyn sy'n niweidiol i'r gwirionedd neu i'n henw da neu enw da ein cymydog.[521]

79. *Beth yw'r degfed gorchymyn?*
Y degfed gorchymyn yw: "Na chwennych dŷ dy gymydog, na'i wraig, na'i was, na'i forwyn, na'i ych, na'i asyn, na dim sy'n eiddo i'th gymydog."[522]

80. *Beth mae'r degfed gorchymyn yn ei ofyn?*
Mae'r degfed gorchymyn yn gofyn i ni fod yn fodlon ar ein cyflwr,[523] a chael ysbryd cywir a chariadus tuag at ein cymydog, a'i holl eiddo.[524]

---

518 Ex. 20:16; Deut. 5:20
519 Sech. 8:16; Act. 25:10; 3 Ioan 12
520 Diar. 14:5, 25
521 Lef. 19:16; Salm 15:3; Diar. 6:16-19; Luc 3:14
522 Ex. 20:17; Deut. 5:21
523 Salm 34:1; Phil. 4:11; 1 Tim. 6:6; Heb. 13:5
524 Luc 15:6, 9, 11-32; Rhuf. 12:15; Phil. 2:4

81. *Beth mae'r degfed gorchymyn yn ei wahardd?*
Mae'r degfed gorchymyn yn gwahardd pob anfodlonrwydd ar ein cyflwr,[525] eiddigeddu neu dristáu am dda ein cymydog, a phob chwantu am ei eiddo.[526]

82. *A all unrhyw berson gadw holl orchmynion Duw'n berffaith?*
Ni all yr un person meidrol, er y cwymp, gadw holl orchmynion Duw yn berffaith yn y bywyd hwn, ond mae'n eu torri'n feunyddiol mewn meddwl, gair a gweithred.[527]

83. *A yw pob torcyfraith yr un mor ddrwg â'i gilydd?*
Mae rhai pechodau ynddynt eu hunain, a rhai oherwydd gwaethygiadau, yn fwy drygionus yng ngolwg Duw nag eraill.[528]

84. *Beth mae pob pechod yn ei haeddu?*
Mae pob pechod yn haeddu digofaint a melltith Duw, yn y byd hwn, ac yn y byd a ddaw.[529]

85. *Beth mae Duw'n ei ofyn gennym, fel y cawn osgoi ei ddicter a'i felltith, sy'n ddyledus i ni oherwydd ein pechod?*
I osgoi dicter a melltith Duw, sy'n ddyledus i ni oherwydd ein pechod, mae Duw'n gofyn gennym ffydd

---

525 1 Cor. 10:10; Iago 3:14-16

526 Gal. 5:26; Col. 3:5

527 Gen. 8:21; Rhuf. 3:9ff, 23

528 Esec. 8:6, 13, 15; Math. 11:20-24; Ioan 19:11

529 Math. 25:41; Gal. 3:10; Eff. 5:6; Iago 2:10

yn Iesu Grist, edifeirwch i fywyd,[530] ynghyd ag ymarfer dyfal o'r moddion allanol y mae Crist yn eu defnyddio i gyfrannu bendithion ei brynedigaeth i ni.[531]

86. *Beth yw ffydd yn Iesu Grist?*
Gras achubol yw ffydd yn Iesu Grist,[532] trwy'r hon yr ydym yn ei dderbyn ac yn gorffwys arno Ef yn unig am iachawdwriaeth, fel y'i cyflwynir Ef i ni yn yr efengyl.[533]

87. *Beth yw edifeirwch i fywyd?*
Gras achubol yw edifeirwch i fywyd,[534] trwy'r hwn mae'r pechadur, gyda gwir ymwybyddiaeth o'i bechod ac o drugaredd Duw yng Nghrist,[535] gyda galar am ei bechod a chasineb tuag ato, yn troi oddi wrtho at Dduw,[536] yn llawn bwriadu, ac yn ceisio, ufudd-dod newydd.[537]

88. *Beth yw'r moddion allanol a chyffredin mae Crist yn eu defnyddio i gyfrannu breintiau iachawdwriaeth i ni?*
Y moddion allanol a chyffredin mae Crist yn eu defnyddio i gyfrannu ei iachawdwriaeth i ni yw, ei ordinhadau, yn arbennig y Gair, y sacramentau, a gweddi; a gwneir pob un yn effeithiol i'r etholedigion er iachawdwriaeth.[538]

---

530 Marc 1:15; Act. 20:21
531 Act. 2:38; 1 Cor. 11:24-25; Col. 3:16
532 Eff. 2:8-9; cf. Rhuf. 4:16
533 Ioan 20:30-31; Gal. 2:15-16; Phil. 3:3-11
534 Acts 11:18; II Tim. 2:25
535 Salm 51:1-4; Joel 2:13; Luc 15:7, 10; Act. 2:37
536 Jer. 31:18-19; Luc 1:16-17; 1 Thes. 1:9
537 2 Cron. 7:14; Salm 119:57-64; Math. 3:8; 2 Cor. 7:10
538 Math. 28:18-20; Act. 21:41, 42

89. *Sut caiff y Gair ei wneud yn effeithiol i iachawdwriaeth?*
Mae Ysbryd Duw yn gwneud darllen, ac yn enwedig pregethu'r Gair, yn foddion effeithiol i argyhoeddi a throi pechaduriaid, a'u hadeiladu mewn sancteiddrwydd a diddanwch, trwy ffydd, i iachawdwriaeth.[539]

90. *Sut dylid darllen a gwrando'r Gair er mwyn iddo ddod yn effeithiol i iachawdwriaeth?*
Er mwyn i'r gair fod yn effeithiol i iachawdwriaeth rhaid i ni rhoi'n sylw iddo gyda diwydrwydd, paratoad, a gweddi;[540] ei dderbyn gyda ffydd a chariad, ei drysori yn ein calonnau, a'i ymarfer yn ein bywydau.[541]

91. *Sut daw'r sacramentau yn foddion effeithiol o iachawdwriaeth?*
Daw'r sacramentau yn foddion effeithiol o iachawdwriaeth, nid oherwydd unrhyw rinwedd ynddynt eu hunain, nac yn yr hwn sydd yn eu gweinyddu; ond yn unig drwy fendith Crist, a gwaith ei Ysbryd yn gweithio yn y rhai sy'n eu derbyn trwy ffydd.[542]

92. *Beth yw sacrament?*
Ordinhad sanctaidd a sefydlwyd gan Grist yw sacrament;[543] yn yr hwn, trwy arwyddion synwyradwy, y mae Crist a breintiau'r cyfamod newydd yn cael eu

---

539 Neh. 8:8-9; Act. 20:32; Rhuf. 10:14-17; 2 Tim. 3:15-17

540 Deut. 6:6ff; Salm 119:18; 1 Pet. 2:1-2

541 Salm 119:11; 2 Thes. 2:10; Heb. 4:2; Iago 1:22-25

542 1 Cor. 3:7; cymh. 1 Cor. 1:12-17

543 Math. 28:19; 26:26-28; Marc 14:22-25; Luc 22:19-20; 1 Cor. 1:22-26

cynrychioli, eu selio a'u cymhwyso i gredinwyr.[544]

93. *Pa sacramentau a geir yn y Testament Newydd?*
Sacramentau'r Testament Newydd yw, Bedydd,[545] a Swper yr Arglwydd.[546]

94. *Beth yw Bedydd?*
Sacrament yw Bedydd, yn yr hwn mae golchi â dŵr yn enw'r Tad, a'r Mab, a'r Ysbryd Glân,[547] yn arwyddo ac yn selio ein himpio i Grist, a'n cyfranogi o fendithion y cyfamod gras, a'n dyweddïo i fod yn eiddo i'r Arglwydd.[548]

95. *I bwy mae Bedydd i'w weinyddu?*
Nid yw Bedydd i'w weinyddu i unrhyw un sydd y tu allan i'r eglwys weledig, nes iddynt broffesu eu ffydd yng Nghrist, ac ufudd-dod iddo; ond dylid bedyddio plant aelodau'r eglwys weledig.

96. *Beth yw Swper yr Arglwydd?*
Sacrament yw Swper yr Arglwydd, yn yr hwn, trwy roi a derbyn bara a gwin, yn ôl gorchymyn Crist, y cyhoeddir ei farwolaeth;[549] a thrwyddo daw'r credinwyr teilwng, nid mewn modd cnawdol na chorfforol, ond trwy ffydd, yn gyfranogion o'i gorff a'i waed, a'i holl ddoniau, er eu maeth ysbrydol, a'u tyfiant mewn gras.[550]

---

544 Gal. 3:27; 1 Cor. 10:16-17
545 Math. 28:19
546 1 Cor 11:23-26
547 Math. 28:19
548 Act. 2:38-42; 22:16; Rhuf. 6:3-4; Gal. 3:26-27; 1 Pet. 3:21
549 Luc 22:19-20; 1 Cor. 11:23-26
550 1 Cor. 10:16-17

97. *Beth sy'n angenrheidiol i dderbyn Swper yr Arglwydd yn deilwng?*

Rhaid i'r rhai a ddymunant gyfranogi'n deilwng o Swper yr Arglwydd, eu holi eu hunain am eu gwybodaeth i ddirnad corff yr Arglwydd, o'u ffydd i borthi arno, o'u hedifeirwch, cariad a'u hufudd-dod newydd; rhag iddynt, gan ddod yn annheilwng, fwyta ac yfed barn iddynt eu hunain.[551]

98. *Beth yw Gweddi?*

Offrymu'n deisyfiadau i Dduw yw gweddi,[552] am bethau sy'n unol a'i ewyllys,[553] yn enw Crist,[554] gan gyffesu'n pechodau,[555] a chydnabod yn ddiolchgar ei drugareddau.[556]

99. *Pa reol mae Duw wedi rhoi i'n cyfarwyddo mewn gweddi?*

Mae holl Air Duw yn ddefnyddiol i'n cyfarwyddo mewn gweddi;[557] ond mae'r ffurf o weddi a ddysgodd Crist i'w ddisgyblion, ac a elwir *Gweddi'r Arglwydd*, yn rheol arbennig i ni.[558]

---

551 1 Cor. 11:27-32
552 Salm 10:17; 62:8; Math. 7:7-8
553 1 Ioan 5:14
554 Ioan 16:23-24
555 Salm 32:5-6; Dan. 9:4-19; 1 Ioan 1:9
556 Salm 103:1-5; 136; Phil. 4:6
557 1 Ioan 5:14
558 Math. 6:9-13

100. *Beth mae rhagymadrodd Gweddi'r Arglwydd yn ein dysgu?*
Mae rhagymadrodd Gweddi'r Arglwydd, sef, "Ein Tad, yr hwn wyt yn y nefoedd," yn ein dysgu i nesáu at Dduw gyda phob parch[559] a hyder sanctaidd,[560] fel plant at dad[561] sy'n alluog ac yn barod i'n cynorthwyo;[562] ac y dylem weddïo gydag eraill a throstynt.[563]

101. *Am beth y gweddïwn yn y deisyfiad cyntaf?*
Yn y deisyfiad cyntaf, sef, "Sancteiddier dy enw," yr ydym yn gweddïo y byddai Duw'n ein nerthu ni ac eraill, i'w ogoneddu yn yr holl bethau y mae'n eu datguddio amdano'i hun;[564] ac y byddai'n gweithredu pob peth er ei ogoniant ei hun.[565]

102. *Am beth y gweddïwn yn yr ail ddeisyfiad?*
Yn yr ail ddeisyfiad, sef, "Deled dy Deyrnas," yr ydym yn gweddïo am ddinistr teyrnas Satan;[566] ac i deyrnas gras gynyddu,[567] fel y dygir ni ac eraill i mewn iddi, a'n cadw ynddi;[568] ac i ddyfodiad teyrnas y gogoniant brysuro.[569]

---

559 Salm 95:6
560 Eff. 3:12
561 Math. 7:9-11, cf. Luc 11:11-13; Rhuf. 8:15
562 Eff. 3:20
563 Eff. 6:18; 1 Tim. 2:1-2
564 Salm 67:1-3; 99:3; 100:3-4
565 Rhuf. 11:33-36; Dat. 4:11
566 Math. 12:25-28; Rhuf. 16:20; 1 Ioan 3:8
567 Salm 72:8-11; Math. 24:14; 1 Cor. 15:24-25
568 Salm 119:5; Luc 22:32; 2 Thes. 3:1-5
569 Dat. 22:20

103. *Am beth y gweddïwn yn y trydydd deisyfiad?*

Yn y trydydd deisyfiad, sef, "Gwneler dy ewyllys, megis yn y nef, felly ar y ddaear hefyd," gweddïwn y byddai Duw, trwy ei ras, yn ein gwneud yn alluog ac yn barod i wybod, ufuddhau, ac ildio i'w ewyllys Ef ymhob peth,[570] fel y mae'r angylion yn ei wneud yn y nefoedd.[571]

104. *Am beth y gweddïwn yn y pedwerydd deisyfiad?*

Yn y pedwerydd deisyfiad, sef, "Dyro i ni heddiw ein bara beunyddiol," gweddïwn y cawn, o'i rodd rad, gyfran ddigonol o bethau da'r bywyd hwn gan Dduw, a mwynhau ei fendith gyda hwy.[572]

105. *Am beth y gweddïwn yn y pumed deisyfiad?*

Yn y pumed deisyfiad, sef, "A maddau i ni ein dyledion, fel y maddeuwn ninnau i'n dyledwyr," gweddïwn y byddai Duw, er mwyn Crist, yn maddau'n holl bechodau'n rhad;[573] a chawn ein hybu i ofyn hyn, am fod Duw trwy ei ras yn ein galluogi i faddau o'n calon i eraill.[574]

106. *Am beth y gweddïwn yn y chweched deisyfiad?*

Yn y chweched deisyfiad, sef, "Ac nac arwain ni i brofedigaeth; eithr gwared ni rhag drwg." gweddïwn y byddai Duw un ai'n ein cadw rhag cael ein temtio i

---

570 Salm 19:14; 119; 1 Thes. 5:23; Heb. 13:20-21
571 Salm 103:20-21; Heb. 1:14
572 Diar. 30:8-9; Math. 6:31-34; Phil. 4:11, 19; 1 Tim. 6:6-8
573 Salm 51:1-2, 7, 9; Dan. 9:17-19; 1 Ioan 1:7
574 Math. 18:21-35; Eff. 4:32; Col. 3:13

bechu,[575] neu'n ein cynnal a'n gwaredu pan gawn ein temtio.[576]

107. *Beth mae diweddglo Gweddi'r Arglwydd yn ei ddysgu i ni?*
Mae diweddglo Gweddi'r Arglwydd, sef, "Canys eiddot ti yw'r deyrnas, a'r nerth, a'r gogoniant, yn oes oesoedd. Amen," yn ein dysgu i gael ein hanogaeth mewn gweddi oddi wrth Dduw yn unig,[577] ac yn ein gweddïau i'w foliannu Ef trwy briodoli'r deyrnas, y nerth a'r gogoniant iddo Ef;[578] ac fel tystiolaeth i'n dymuniad, ac yn y sicrwydd y cawn ein gwrando, dywedwn, "Amen".[579]

---

575 Salm 19:13; Math. 26:41; Ioan 17:15
576 Luc 22:31-32; 1 Cor. 10:13; 2 Cor. 12:7-9; Heb. 2:18
577 Dan. 9:4, 7-9, 16-19; Luc 18:1, 7-8
578 1 Cron. 29:10-13; 1 Tim. 1:17; Dat. 5:11-13
579 1 Cor. 14:16; Dat. 22:20

HYFFORDDWR
THOMAS CHARLES

U n o gymwynaswyr mawr ein cenedl oedd Thomas Charles (1755–1814). Roedd ei fryd ar ddatblygu gwareiddiad wedi ei seilio ar yr Ysgrythur yng Nghymru. Yn ei ymgais i wneud hynny, "Ceisiais sefydlu ysgolion elusennol", meddai, "a llwyddais y tu hwnt i'm disgwyliadau. A'u diben yn unig yw dysgu plant tlodion a phobl ifainc i ddarllen y Beibl mewn iaith y maent yn ei deall, a'u dysgu yn egwyddorion y grefydd Gristionogol trwy eu cateceisio."

I'r perwyl hynny, felly, cyfansoddodd y *Crynodeb o Egwyddorion Crefydd* (1789), *An Evangelical Catechism* (1797), y *Catecism Byr* (sydd yn dwyn yr un teitl â'r Crynodeb) a gyhoeddwyd ym 1799, yr *Esponiad Byr ar y Deg Gorchymmyn, i Blant* (1801), ac yn bennaf oll, yr *Hyfforddwr*, a gyhoeddwyd gyntaf ym 1807.

Bu'n gyhoeddiad hynod o ddylanwadol, gan ymddangos mewn 80 o argraffiadau cyn diwedd y ganrif, heb sôn am argraffiadau answyddogol.

Mae'r Hyfforddwr yng nghanol y traddodiad Cristnogaeth Ddiwygiedig, fel y ddau gatecism arall. *Hyfforddwr yn Egwyddorion y Grefydd Gristionogol* yw teitl llawn y catecism, ac yn hynny o beth mae'n rhannu'r union deitl â gwaith enwocaf a phwysicaf y Diwygiwr mawr o Genefa, John Calfin, sef *Institutio Christianae Religionis*; ffaith sydd ar unwaith yn cysylltu'r ddau waith â'i gilydd yn athrawiaethol.

Mae'r Hyfforddwr yn rhannu cywirdeb y Catecism Byrraf, ond heb fod mor dechnegol, ac yn rhannu cynhesrwydd profiadol Catecism Heidelberg. Ar yr un pryd, gyda'i 271 o gwestiynau wedi eu dosbarthu i ddwy bennod ar bymtheg, mae'n fwy cynhwysfawr na'r un ohonynt.

PENNOD 1
AM DDUW

1. *Pwy a'n gwnaeth ni?*
   Duw: "Ef a'n gwnaeth, a'i eiddo ef ydym, ei bobl a defaid ei borfa."   Salm 100:3; Gen. 1:26, 27; Act. 4:24.

2. *Beth yw Duw?*
   "Ysbryd yw Duw."   Ioan 4:24

3. *A oes mwy nag un Duw?*
   Un Duw sydd: "Gwrando, O Israel: Y mae'r ARGLWYDD ein Duw yn un ARGLWYDD."   Deut. 6:4; 1 Tim. 2:5; 1 Cor. 8:4, 6.

4. *A oes mwy nag un person yn y Duwdod?*
   Mae tri pherson yn y Duwdod, y Tad, y Mab, a'r Ysbryd Glân.   Math. 28:19; 2 Cor. 13:13.

5. *A yw pob un o'r personau hyn yn wir Dduw?*
   Ydynt; yr un mor dragwyddol ac uchel â'i gilydd.

6. *Mae hwn yn ddirgelwch mawr, onid yw?*
   Ydy; dirgelwch mawr i'w gredu, ac nid i'w ddeall: "A rhaid inni'n unfryd gyffesu mai mawr yw dirgelwch ein crefydd."   1 Tim. 3:16

7. *Beth yw'r gweithredoedd sy'n cael eu cyfrif yn fwyaf arbennig i'r personau yn y Duwdod?*
    Creu ac Ethol i'r Tad; Prynu ac Eiriol i'r Mab; a Sancteiddio i'r Ysbryd Glân: "Etholedigion yn ôl rhagwybodaeth Duw y Tad, trwy waith sancteiddiol yr Ysbryd, i fod yn ufudd i Iesu Grist ac i'w taenellu â'i waed ef." 1 Pedr 1:2; 1 Cor. 8:6; Gal. 3:13; 2 Thes. 2:13.

8. *A yw Duw'n hollalluog?*
    Ydy: "Gyda Duw y mae pob peth yn bosibl." Math. 19:26; Gen. 17:1.

9. *A yw Duw'n gwybod popeth?*
    Ydy: "Gwyddost ti pa bryd y byddaf yn eistedd ac yn codi; yr wyt wedi deall fy meddwl o bell; yr wyt wedi mesur fy ngherdded a'm gorffwys, ac yr wyt yn gyfarwydd â'm holl ffyrdd. Oherwydd nid oes air ar fy nhafod heb i ti, ARGLWYDD, ei wybod i gyd." Salm 139:2-4; Heb. 4:13.

10. *A yw Duw'n bresennol ym mhob man?*
    Ydy: "I ble yr af oddi wrth dy ysbryd? I ble y ffoaf o'th bresenoldeb? Os dringaf i'r nefoedd, yr wyt yno; os cyweiriaf wely yn Sheol, yr wyt yno hefyd. Os cymeraf adenydd y wawr a thrigo ym mhellafoedd y môr, yno hefyd fe fydd dy law yn fy arwain, a'th ddeheulaw yn fy nghynnal." Salm 139:7-10

11. *A yw Duw'n dragwyddol?*
    Ydy; heb ddechrau na diwedd: "O dragwyddoldeb hyd dragwyddoldeb, ti sydd Dduw." Salm 90:2; 1 Tim. 1:17.

12. *A yw Duw'n anghyfnewidiol?*
Ydy: "Iddo ef ni pherthyn na chyfnewid na chysgod troadau'r rhod."   Iago 1:17; Mal. 3:6.

13. *A yw Duw'n fawr?*
Ydy: "Mae ei fawredd yn anchwiliadwy."   Salm 145:3

14. *A yw Duw'n ddoeth?*
Ydy: Efe yw'r "unig ddoeth Dduw".   Rhuf. 16:27; Jwdas 25; Rhuf. 11:33; Eff. 3:19.

15. *A yw Duw'n drugarog?*
Ydy: "Trugarog a graslon yw'r ARGLWYDD."   Salmau 103:8 a 108:4 a 86:15; Ex. 34:6; 2 Cr. 30:9; Neh. 9:17, 31; Jona 4:2.

16. *A yw Duw'n ffyddlon?*
Ydy: "Mae Duw'n ffyddlon" ac mae'n "amhosibl i Dduw fod yn gelwyddog".   1 Cor. 1:9 a 10:13; Heb. 6:18; Ioan 1:9; Ex. 34. 6.

17. *A yw Duw'n sanctaidd?*
Ydy; yn berffaith sanctaidd, ac yn casáu pechod: "Ti, sydd â'th lygaid yn rhy bur i edrych ar ddrwg, ac na elli oddef camwri."   Hab. 1:13; Es. 6:3.

18. *A yw Duw'n gyfiawn?*
Ydy; yn anfeidrol gyfiawn, ac yn cosbi pechod: "Y mae'r

ARGLWYDD yn gyfiawn yn ei holl ffyrdd ac yn ffyddlon yn ei holl weithredoedd." Salm 145:17

19. *A yw Duw'n dda?*

Ydy, ym mhob peth: "Y mae'r ARGLWYDD yn dda ac uniawn. Yr wyt ti, Arglwydd, yn dda a maddeugar, ac yn llawn trugaredd i bawb sy'n galw arnat." Salmau 25:8 a 86:5.

PENNOD 2
AM Y GREADIGAETH

20. *Beth greodd Duw heblaw dyn?*

Creodd Duw bopeth yn y nefoedd a'r ddaear. "Myfi, yr ARGLWYDD, a wnaeth y cyfan – estyn y nefoedd fy hunan, a lledu'r ddaear heb neb gyda mi." Es. 44:24; Act. 14:15.

21. *O beth y creodd Duw'r pethau hyn?*

O ddim: "Trwy ffydd yr ydym yn deall i'r bydysawd gael ei lunio gan air Duw yn y fath fodd nes bod yr hyn sy'n weledig wedi tarddu o'r hyn nad yw'n weladwy." Heb. 11:3

22. *Pam creodd Duw'r byd?*

I amlygu ei ogoniant ei hun: "Trwyddo ef ac er ei fwyn ef y mae pob peth wedi ei greu." Col. 1:16; Diar. 16:4 (BWM).

23. *A yw Duw'n cynnal ac yn llywodraethu'r byd a greodd?*
Ydy; yn cynnal ac yn llywodraethu ar bopeth: "Gosododd yr ARGLWYDD ei orsedd yn y nefoedd, ac y mae ei frenhiniaeth ef yn rheoli pob peth." Salm 103:19; Col. 1:17.

24. *Mewn faint o amser creodd Duw'r byd?*
Mewn chwe diwrnod. Ex. 20:11

25. *Beth wnaeth Duw ar y seithfed dydd?*
Gorffwys, a sancteiddio'r dydd. Gen. 2:3

26. *A ddylem ni wneud yr un fath?*
Dylem, yn ôl esiampl a gorchymyn Duw.

27. *Pwy oedd y dyn cyntaf?*
Adda. 1 Cor. 15:45

28. *Pwy oedd y wraig gyntaf?*
Efa. Gen. 3:20

29. *Sawl rhan sydd mewn dyn?*
Dwy ran, sef corff ac enaid: "[Cofia Dduw] cyn i'r llwch fynd yn ôl i'r ddaear lle bu ar y cychwyn, a chyn i'r ysbryd ddychwelyd at y Duw a'i rhoes." Preg. 12:7

30. *O beth y creodd Duw gorff dyn?*
    O bridd y ddaear.   Gen. 2:7

31. *Sut greodd Duw enaid dyn?*
    "Anadlodd yn ei ffroenau anadl einioes; a daeth y dyn yn greadur byw."   Gen. 2:7

32. *O beth y gwnaeth Duw Efa?*
    O asen Adda tra roedd ef yn cysgu.   Gen. 2:21, 22

33. *Ble gosododd Duw'r dyn wedi ei greu?*
    Yng ngardd Eden, i'w llafurio ac i'w chadw, ac i arglwyddiaethu dros holl greaduriaid y byd hwn.   Gen. 1:29, 30 a 2:15.

PENNOD 3
AM GWYMP DYN

34. *Ym mha gyflwr y creodd Duw ddyn?*
    Mewn cyflwr sanctaidd a dedwydd: "Felly creodd Duw ddyn ar ei ddelw ei hun; ar ddelw Duw y creodd ef; yn wryw ac yn fenyw y creodd hwy."   Gen. 1:27; Eff. 4:24; Col. 3:10.

35. *A barhaodd dyn yn y cyflwr hwn?*
    Naddo: "[Mae] Duw wedi creu pobl yn uniawn; ond y maent hwy wedi ceisio llawer o gynlluniau."   Preg. 7:29; Salm 49:12 (BWM).

36. *I ba gyflwr y syrthiodd dyn?*
    I gyflwr pechadurus a thruenus: "Wele, mewn drygioni
    y'm ganwyd, ac mewn pechod y beichiogodd fy mam."
    Salm 51:5; Gen. 3:16-19 a 6:5-12.

37. *Sut syrthiodd dyn?*
    Trwy anufuddhau i orchymyn Duw.   Gen. 3:11

38. *Beth oedd y gorchymyn a roddodd Duw iddo?*
    I beidio â bwyta o ffrwyth pren gwybodaeth da a drwg.
    Gen. 2:17

39. *A oedd angen ffrwyth y pren a waharddwyd ar y dyn?*
    Nac oedd, oherwydd rhoddwyd y ffrwyth o bob coeden
    arall yn yr ardd iddo i'w fwyta.   Gen. 2:16

40. *Pam gwaharddwyd hwn iddo?*
    I brofi ei ufudd-dod i ewyllys Duw.

41. *Pwy hudodd y dyn i anufuddhau i'r gorchymyn esmwyth
    hwn?*
    Hudwyd y dyn gan y wraig, a'r wraig gan y sarff.   Gen.
    3:11-13

42. *Beth oedd canlyniad ei anufudd-dod?*
    Bu farw, a chollodd ddelw Duw - y ddelw y crëwyd ef

ynddo: "Ond ni chei fwyta o bren gwybodaeth da a drwg, oherwydd y dydd y bwytei ohono ef, byddi'n sicr o farw." Gen. 2:17

43. *Sut ydym i ddeall y farwolaeth hon?*

(1.) Marwolaeth *ysbrydol* yr enaid, sef ei ymadawiad llwyr oddi wrth Dduw: "Bu adeg pan oeddech chwithau yn feirw yn eich camweddau a'ch pechodau." Eff. 2:1; Ioan 5:24.

(2.) Marwolaeth *naturiol*, sef ysgariad y corff a'r enaid oddi wrth ei gilydd dros amser: "Gosodwyd i ddynion eu bod i farw un waith, a bod barn yn dilyn hynny." Heb. 9:27

(3.) Marwolaeth *dragwyddol*, sef y cwbl mae corff ac enaid yn ei ddioddef am bechod am byth: "Y mae pechod yn talu cyflog, sef marwolaeth." "Ac fe â'r rhain ymaith i gosb dragwyddol, ond y rhai cyfiawn i fywyd tragwyddol." Rhuf. 6:23; Math. 25:46; Dat. 21:8.

44. *Beth gollodd dyn?*
Delw Duw. Gen. 1:27

45. *Beth yw ystyr "delw Duw"?*
Gwybodaeth, cyfiawnder, a gwir sancteiddrwydd. Eff. 4:24; Col. 3:10.

46. *Beth oedd pechod Adda i ni?*
"Daeth collfarn ar y ddynolryw i gyd trwy un weithred o drosedd". Rhuf. 5:18

47. *A fu farw pawb yn Adda?*
Do: "Y mae pawb yn marw yn Adda." 1 Cor. 15:22; Rhuf. 5:12.

48. *A all person achub ei hun o'r cyflwr truenus y mae wedi syrthio iddo?*
Na all: "Pan glywodd y disgyblion hyn, synasant yn fawr ac meddent, 'Pwy felly all gael ei achub?' Edrychodd Iesu arnynt a dywedodd wrthynt, 'Gyda dynion y mae hyn yn amhosibl, ond gyda Duw y mae pob peth yn bosibl'." Math. 19:25, 26

49. *A yw Duw wedi ei ddigio gan bechod?*
Ydy, yn fawr iawn: "Y mae digofaint Duw yn cael ei ddatguddio o'r nef yn erbyn holl annuwioldeb ac anghyfiawnder pobl." Rhuf. 1:18

50. *A yw'n amhosib lleddfu llid Duw am bechod?*
Ydy, heb iawn digonol: "Heb dywallt gwaed nid oes maddeuant." Heb. 9:22

51. *A all unrhyw un dalu'r iawn digonol mae Duw'n ei ofyn?*
Na all; er dioddef am byth yn uffern am ei bechod: "Yn wir, ni all neb ei waredu ei hun na thalu iawn i Dduw, oherwydd rhy uchel yw pris ei fywyd, ac ni all byth ei gyrraedd." Salm 49:7-8

52. *A all unrhyw un newid ei galon bechadurus?*
Na all; nid oes ganddo'r ewyllys na'r gallu i ymadael â'i

bechod: "A newidia'r Ethiopiad ei groen, neu'r llewpard ei frychni? A allwch chwithau wneud daioni, chwi a fagwyd mewn drygioni?" Jer. 13:23; Salm 51:10.

53. *A oes rhywbeth mewn pobl sy'n eu gwneud yn werth eu hachub gan Dduw?*
Nac oes, mwy na sydd mewn gelyn yn haeddu cariad: "Oherwydd y mae bod â'n bryd ar y cnawd yn elyniaeth tuag at Dduw." Rhuf. 8:7

54. *A fuasai'n gyfiawn i'r Arglwydd adael pobl yn y cyflwr truenus hwn am byth?*
Heb os, buasai'n gyfiawn iddo ddamnio pechaduriaid am byth: "Beth a ddywedwn? Mai anghyfiawn yw'r Duw sy'n bwrw ei ddigofaint arnom? Ddim ar unrhyw gyfrif! Os nad yw Duw yn gyfiawn, sut y gall farnu'r byd?" Rhuf. 3:5, 6 a 9:14.

PENNOD 4

AM BERSON CRIST, A'R CYFAMOD GRAS

55. *A adawodd Duw'r ddynoliaeth yn y cyflwr truenus y mae wedi syrthio iddo trwy bechod?*
Naddo: "Carodd Duw y byd gymaint nes iddo roi ei unig Fab, er mwyn i bob un sy'n credu ynddo ef beidio â mynd i ddistryw ond cael bywyd tragwyddol." Ioan 3:16; Salm 136:23.

56. *Pwy a anfonodd Duw i achub y ddynoliaeth?*
Ei Fab ei hun: "Yr hyn oedd y tu hwnt i allu'r Gyfraith, yn ei gwendid dan gyfyngiadau'r cnawd, y mae Duw wedi ei gyflawni. Wrth anfon ei Fab ei hun, mewn ffurf debyg i'n cnawd pechadurus ni, i ddelio â phechod, y mae wedi collfarnu pechod yn y cnawd." Rhuf. 8:3; Gal. 4:4.

57. *I bwy yr amlygodd Duw'n gyntaf ei fwriad i anfon Iesu Grist i'r byd?*
I'n rhieni cyntaf ar ôl y cwymp, gan hysbysu y byddai Had y wraig, sef Crist, yn ysigo pen y sarff oedd wedi'u twyllo hwynt: "Gosodaf elyniaeth hefyd rhyngot ti a'r wraig, a rhwng dy had di a'i had hithau; bydd ef yn ysigo dy ben di, a thithau'n ysigo'i sawdl ef." Gen. 3:15

58. *Pam bod Crist yn cael ei alw'n Had y wraig?*
(1.) Am fod Crist i gymryd arno natur dyn: "Felly, gan fod y plant yn cydgyfranogi o'r un cig a gwaed, y mae yntau, yr un modd, wedi cyfranogi o'r cig a gwaed hwnnw." Heb 2:14
(2.) Am ei fod i gael ei eni o wraig heb adnabod gŵr: "Wele ferch ifanc yn feichiog, a phan esgor ar fab, fe'i geilw'n Immanuel." Es. 7:14; Math. 1:23.

59. *Pwy yw'r sarff?*
Y diafol. Dat. 20:2

60. *Pam caiff ei alw'n sarff?*

(1.) Am iddo ddefnyddio'r sarff i hudo'n rhieni cyntaf. Gen. 8:1-7

(2.) Oherwydd ei falais a'i elyniaeth yn erbyn Duw a'i bobl: "Fe'i bwriwyd hi, y ddraig fawr, yr hen sarff, a elwir Diafol a Satan, yr un sy'n twyllo'r holl fyd, fe'i bwriwyd i'r ddaear a'i hangylion gyda hi." Dat. 12:9

(3.) Oherwydd ei ddichellion a'i gyfrwystra i dwyllo pobl: "Fe wyddom yn dda am ei ddichellion ef." 2 Cor. 2:11

61. *Beth a olygir trwy ddweud y bydd ei ben yn cael ei ysigo?*
Y byddai Crist fel dyn yn dinistrio ei holl weithredoedd, a distrywio ei holl lywodraeth: "I ddinistrio gweithredoedd y diafol yr ymddangosodd Mab Duw." 1 Ioan 3:8

62. *Pa un yw Crist, Duw neu ddyn?*
Y mae Crist yn Dduw ac yn ddyn hefyd: "Ac yn ddi-ddadl, mawr yw dirgelwch duwioldeb; Duw a ymddangosodd yn y cnawd ... " 1 Tim. 3:16 (BWM)

63. *Sut daeth Crist i fod yn Dduw ac yn ddyn hefyd?*
(1.) Yr oedd Crist yn Dduw erioed yn ei hanfod tragwyddol: "Yn y dechreuad yr oedd y Gair; yr oedd y Gair gyda Duw, a Duw oedd y Gair." Ioan 1:1
(2.) Cenhedlwyd dyndod Crist trwy'r Ysbryd Glân yng nghroth y Forwyn Fair: "Atebodd yr angel hi, 'Daw'r Ysbryd Glân arnat, a bydd nerth y Goruchaf yn dy

gysgodi; am hynny, gelwir y plentyn a genhedlir yn sanctaidd, Mab Duw.'" Luc 1:35

64. *Pam yr oedd yn rhaid i'r Gwaredwr fod yn Dduw ac yn ddyn?*

(1.) Heb fod yn Dduw ni allai ein gwaredu: "Nid oes Duw ond myfi, Duw cyfiawn, a gwaredydd. Nid oes neb ond myfi." Es. 45:21 a 63:5; Heb. 7:25-28.

(2.) Heb fod yn ddyn ni allai ddioddef a marw drosom: "Oherwydd dioddefodd Crist yntau un waith am byth dros bechodau, y cyfiawn dros yr anghyfiawn, i'ch dwyn chwi at Dduw. Er ei roi i farwolaeth o ran y cnawd, fe'i gwnaed yn fyw o ran yr ysbryd." 1 Pedr 3:18; Gal. 4:4, 6; Heb. 2:14.

65. *Beth arall gallwn ddweud am waith Duw yn anfon ei Fab i waredu pechaduriaid?*

(1.) Yn nhragwyddoldeb etholodd Duw ei Fab yn Ben-Cyfamodwr ac yn Fechnïydd i'w bobl: "Myfi yw'r ARGLWYDD; gelwais di mewn cyfiawnder, a gafael yn dy law; lluniais di a'th osod yn gyfamod pobl, yn oleuni cenhedloedd." Es. 42:6

(2.) Rhoddodd Duw, mewn arfaeth gadarn, ei bobl etholedig iddo i'w prynu a'u gwaredu: "Yr wyf wedi amlygu dy enw i'r rhai a roddaist imi allan o'r byd. Eiddot ti oeddent, ac fe'u rhoddaist i mi." Ioan 17:6,12 a 10:29 a 6:39,40.

(3.) Pan ddaeth cyflawniad yr amser, anfonodd Duw ei

Fab i'r byd: "Yr oedd Duw wedi ei ddewis cyn seilio'r byd, ac amlygwyd ef yn niwedd yr amserau er eich mwyn chwi."   1 Pedr 1:20; Gal. 4:4,5.

PENNOD 5
AM Y DDAU GYFAMOD

66. *Sawl cyfamod sydd?*
Dau; y Cyfamod Gweithredoedd a'r Cyfamod Gras.

67. *Pa wahaniaethau sydd rhyngddynt?*
(1.)   Adda oedd y Pen-Cyfamodwr yn y Cyfamod Gweithredoedd, ond Crist yw'r Pen-Cyfamodwr yn y Cyfamod Gras: "Oherwydd fel y mae pawb yn marw yn Adda, felly hefyd y gwneir pawb yn fyw yng Nghrist." 1 Cor. 15:22

(2.) Trwy gyfiawnder ac ufudd-dod dyn ei hun yr oedd cyfiawnhad a bywyd yn y Cyfamod Gweithredoedd; ond trwy gyfiawnder Crist y mae cyfiawnhad a bywyd tragwyddol yn y Cyfamod Gras: "Ysgrifennodd Moses am y cyfiawnder trwy y Gyfraith: 'Y sawl sy'n cadw ei gofynion a gaiff fyw trwyddynt.' Ond fel hyn y dywed y cyfiawnder trwy ffydd: 'Paid â dweud yn dy galon, "Pwy a esgyn i'r nef?" '– hynny yw, i ddwyn Crist i lawr' – 'neu, "Pwy a ddisgyn i'r dyfnder?" '– hynny yw, i ddwyn Crist i fyny oddi wrth y meirw. Ond beth mae'n ei ddweud? 'Y mae'r gair yn agos atat, yn dy enau ac yn dy galon.' A dyma'r gair yr ydym ni yn ei bregethu, gair ffydd. – Ein dadl yw y cyfiawnheir rhywun trwy gyfrwng ffydd yn annibynnol ar gadw gofynion cyfraith." Rhuf. 10:5-8 a 3:20-28.

(3.) Nid oedd addewid o faddeuant byth, am y pechod lleiaf, yn y Cyfamod Gweithredoedd; ond gelwir y pechaduriaid mwyaf i gael maddeuant, trwy Grist, yn y Cyfamod Gras: "'Yn awr, ynteu, ymresymwn â'n gilydd,' medd yr ARGLWYDD. 'Pe bai eich pechodau fel ysgarlad, fe fyddant cyn wynned â'r eira; pe baent cyn goched â phorffor, fe ânt fel gwlân.'" Es. 1:18 a 55:1, 7; Dat. 22:17.

(4.) Cyn cwymp dyn i bechod y gwnaed y Cyfamod Gweithredoedd, i fwynhau'r bywyd oedd ganddo; ond ar ôl cwymp dyn *yr amlygwyd* y Cyfamod Gras, i gael bywyd tragwyddol ar ôl ei golli. Gen. 2 a 3; Eff. 1:4.

(5.) Yr oedd parhad dyn yn y Cyfamod Gweithredoedd yn sefyll ar ei nerth naturiol ei hun; ond y mae parhad rhywun yn y Cyfamod Gras yn sefyll ar allu, ffyddlondeb, ac eiriolaeth Crist: "Gwnaf â hwy gyfamod tragwyddol, ac ni throf ef ymaith oddi wrthynt, ond gwneud yn dda iddynt; rhof fy ofn yn eu calon, rhag iddynt gilio oddi wrthyf." Jer. 32:40; Ioan 10:28, 29; 1 Ioan 2:2; 2 Tim. 2:19; Phil. 1:6.

68. *A oedd yna offeiriad yn y Cyfamod Gweithredoedd?*
Nac oedd.

69. *A oes offeiriad yn y Cyfamod Gras?*
Oes.

70. *Pwy yw ef?*
Iesu Grist, "wedi ei wneud yn archoffeiriad am byth, yn ôl urdd Melchisedec." Heb. 6:20

71. *A oedd yna gyfryngwr yn y Cyfamod Gweithredoedd?*
Nac oedd.

72. *A oes cyfryngwr yn y Cyfamod Gras?*
Oes: "Oherwydd un Duw sydd, ac un cyfryngwr hefyd rhwng Duw a dynion, sef Crist Iesu, yntau yn ddyn." 1 Tim. 2:5; Heb. 9:15.

73. *A oedd mechnïydd yn y Cyfamod Gweithredoedd?*
Nac oedd.

74. *A oes mechnïydd yn y Cyfamod Gras?*
Oes: "Yn gymaint â hynny, felly, y mae Iesu wedi dod yn feichiau cyfamod rhagorach." Heb. 7:22

75. *A oedd proffwyd i'n dysgu yn y Cyfamod Gweithredoedd?*
Nac oedd.

76. *A oes proffwyd i'n dysgu yn y Cyfamod Gras?*
Oes; mae'r Iesu'n Broffwyd mawr: "Cydiodd ofn ym mhawb a dechreusant ogoneddu Duw, gan ddweud, 'Y mae proffwyd mawr wedi codi yn ein plith', ac, 'Y mae Duw wedi ymweld â'i bobl.'" Luc 7:16 a 24:19; Act. 3:23 a 7:37.

77. *Pa fath o gyfamod yw'r Cyfamod Gras?*

(1.) Mae'n gyfamod *rhad*: "Iachâf eu hanffyddlondeb; fe'u caraf o'm bodd, oherwydd trodd fy llid oddi wrthynt." Hos. 14:4

(2.) Mae'n gyfamod *sicr*: "'Er i'r mynyddoedd symud, ac i'r bryniau siglo, ni symuda fy ffyddlondeb oddi wrthyt, a bydd fy nghyfamod heddwch yn ddi-sigl,' medd yr ARGLWYDD, sy'n tosturio wrthyt." Es. 54:10

(3.) Mae'n gyfamod *tragwyddol*, na ddaw byth i ben: "Gwnaeth gyfamod tragwyddol â mi, un trefnus ym mhob cymal, a diogel. Ef yw fy nghymorth i gyd a'm dymuniad; oni rydd lwyddiant i mi?" 2 Sam. 23:5

(4.) Mae'n gyfamod *manteisiol*, oherwydd trwyddo cawn hawl i Dduw a'i holl briodoleddau, i Grist a holl roddion y brynedigaeth, i'r Ysbryd Glân a'i ddoniau, ac i holl addewidion Duw: "Oherwydd y mae pob peth yn eiddo i chwi... a chwithau yn eiddo Crist, a Christ yn eiddo Duw." 1 Cor 3:21, 23; Sech 8:3; Heb 9:10.

(5.) Mae'n gyfamod *sanctaidd*, a phopeth sy'n perthyn iddo'n sanctaidd: "Fel hyn y cymerodd drugaredd ar ein hynafiaid, a chofio ei gyfamod sanctaidd." Luc 1:72

PENNOD 6

AM SWYDDI CRIST

78. *Pam daeth Iesu Grist i'r byd?*

"A dyma air i'w gredu, sy'n teilyngu derbyniad llwyr: 'Daeth Crist Iesu i'r byd i achub pechaduriaid'." 1 Tim. 1:15

79. *A ddaeth Crist i'r byd fel y crëwyd Adda, yn oedolyn?*
Naddo, ganed ef yn blentyn bach fel eraill, gan ymostwng ym mhob ffordd i'n gwendidau dibechod: "Cewch hyd i'r un bach wedi ei rwymo mewn dillad baban ac yn gorwedd mewn preseb." Luc 2:12

80. *Pryd ganed Crist?*
Yng nghyflawniad yr amser a ordeiniodd Duw, ac a ragfynegwyd gan y proffwydi. Gal. 4:4

81. *Pwy oedd ei fam?*
Mair Forwyn. Math. 1:18, 25

82. *Ble ganed Crist?*
Ym Methlehem Jwdea: "A thithau Bethlehem yng ngwlad Jwda, nid y lleiaf wyt ti o lawer ymysg tywysogion Jwda, canys ohonot ti y daw allan arweinydd a fydd yn fugail ar fy mhobl Israel." Math. 2:6

83. *Ym mha gyflwr ganed Crist?*
Mewn cyflwr tlawd, mewn stabl: "Ac esgorodd ar ei mab cyntaf-anedig; a rhwymodd ef mewn dillad baban a'i osod mewn preseb, am nad oedd lle iddynt yn y gwesty." Luc 2:7

84. *A luniwyd Crist yn y groth yn ddibechod?*
Do: "Am hynny, gelwir y plentyn a genhedlir yn sanctaidd, Mab Duw." Luc 1:35

85. *A fu Crist fyw ei holl fywyd yn ddibechod?*
Do: "Ni wnaeth ef bechod, ac ni chafwyd twyll yn ei enau."   1 Pedr 2:22

86. *A ufuddhaodd Crist i'w rieni?*
Do: "Bu'n ufudd iddynt."   Luc 2:51

87. *A ddiystyrodd efe hwynt am eu bod yn dlawd?*
Naddo, ond gofalodd am ei fam yn ei boenau mwyaf: "Pan welodd Iesu ei fam, felly, a'r disgybl yr oedd yn ei garu yn sefyll yn ei hymyl, meddai wrth ei fam, 'Wraig, dyma dy fab di.' Yna dywedodd wrth y disgybl, 'Dyma dy fam di.' Ac o'r awr honno, cymerodd y disgybl hi i mewn i'w gartref."   Ioan 19:26, 27

88. *A ddylem ni ufuddhau a pharchu ein rhieni yn ôl esiampl Crist?*
Dylem ufuddhau iddynt ym mhopeth: "Chwi blant, ufuddhewch i'ch rhieni yn yr Arglwydd, oherwydd hyn sydd iawn."   Eff. 6:1, 2; Col. 3:20.

89. *Beth yw ystyr yr enw Iesu?*
Gwaredwr: "Daeth Mab y Dyn i geisio ac i achub y colledig."   Luc 19:10

90. *Oddi wrth beth y mae Iesu yn gwaredu ei bobl?*
(1.) Oddi wrth eu pechodau: "A gelwi ef Iesu, am mai ef a wareda ei bobl oddi wrth eu pechodau."   Math. 1:21

(2.) Oddi wrth felltith y ddeddf: "Prynodd Crist ryddid i ni oddi wrth felltith y Gyfraith pan ddaeth, er ein mwyn, yn wrthrych melltith." Gal. 3:13

(3.) Oddi wrth demtasiynau, profedigaethau, a gallu'r diafol: "Nid oes un prawf wedi dod ar eich gwarthaf nad yw'n gyffredin i bawb. Y mae Duw'n ffyddlon, ac ni fydd ef yn gadael ichwi gael eich profi y tu hwnt i'ch gallu; yn wir, gyda'r prawf, fe rydd ef ddihangfa hefyd, a'ch galluogi i ymgynnal dano." 1 Cor. 10:13; 2 Pedr 2:9.

91. *Beth yw ystyr yr enw Crist?*
Eneiniog.

92. *Pwy a'i heneiniodd ef?*
Duw'r Tad: "Ceraist gyfiawnder a chasáu anghyfraith. Am hynny, O Dduw, y mae dy Dduw di wedi dy eneinio ag olew gorfoledd, uwchlaw dy gymheiriaid." Heb. 1:9

93. *Â beth yr eneiniwyd Crist?*
"Eneiniodd Duw ef â'r Ysbryd Glân ac â nerth." Act. 10:38

94. *Beth mae eneiniad Crist yn ei arwyddocáu?*
Ei benodiad a'i gymwysterau i fod yn Broffwyd, yn Offeiriad, ac yn Frenin i'w eglwys: "Y mae ysbryd yr Arglwydd DDUW arnaf, oherwydd i'r ARGLWYDD fy eneinio i gyhoeddi newyddion da i'r tlodion, a chysuro'r toredig o galon; i gyhoeddi rhyddid i'r caethion, a rhoi gollyngdod i'r carcharorion." Es. 61:1; Math. 3:11; Ioan 3:34.

95. *Beth mae Crist yn gwneud fel Proffwyd?*
Dysgu ei bobl: "Bydd yr Arglwydd eich Duw yn codi i chwi o blith eich cydgenedl broffwyd, fel fi. Arno ef yr ydych i wrando ym mhob peth a lefara wrthych." Act. 3:22; Deut. 18:15.

96. *Beth mae Crist yn ei ddysgu i'w bobl?*
Mae'n eu dysgu:

(1.) I adnabod Duw a'r hwn a anfonodd efe, Iesu Grist: "A hyn yw bywyd tragwyddol: dy adnabod di, yr unig wir Dduw, a'r hwn a anfonaist ti, Iesu Grist." Ioan 17:3

(2.) I adnabod ei feddwl a'i ewyllys yn ei air: "Dyma fesur cyfoeth y gras a roddodd mor hael i ni, ynghyd â phob doethineb a dirnadaeth. Hysbysodd i ni ddirgelwch ei ewyllys, yn unol â'r bwriad a arfaethodd yng Nghrist. – Er mwyn ichwi allu canfod beth yw ei ewyllys, beth sy'n dda a derbyniol a pherffaith yn ei olwg ef." Eff. 1:8, 9; Rhuf. 12:2; Eff. 5:17; Heb. 8:10, 11.

(3.) I adnabod eu hunain fel pechaduriaid: "A phan ddaw [yr Eiriolwr], fe argyhoedda ef y byd ynglŷn â phechod." Ioan 16:8

97. *Trwy ba foddion mae Crist yn dysgu?*
Trwy ei air a'i Ysbryd: "A'th fod er yn blentyn yn gyfarwydd â'r Ysgrythurau sanctaidd, sydd yn abl i'th wneud yn ddoeth a'th ddwyn i iachawdwriaeth trwy ffydd yng Nghrist Iesu. – Ond bydd yr Eiriolwr, yr Ysbryd Glân, a anfona'r Tad yn fy enw i, yn dysgu popeth ichwi, ac yn dwyn ar gof ichwi y cwbl a ddywedais i wrthych." 2 Tim. 3:15; Ioan 14:26.

98. *Beth mae Crist yn ei wneud fel Offeiriad?*

(1.) Offrymu ei hun yn aberth dros ei bobl: "Byddwch, felly, yn efelychwyr Duw, fel plant annwyl iddo, gan fyw mewn cariad, yn union fel y carodd Crist ni, a'i roi ei hun trosom, yn offrwm ac aberth i Dduw, o arogl pêr." Eff. 5:1, 2

(2.) Eiriol dros ei bobl yn y nef: "Ond os bydd i rywun bechu, y mae gennym Eiriolwr gyda'r Tad, sef Iesu Grist, y cyfiawn; ac ef sy'n aberth cymod dros ein pechodau." 1 Ioan 2:1, 2; Heb. 7:25 a 9:24; 1 Tim. 2:5.

99. *Beth mae Crist yn ei wneud fel Brenin?*

(1.) Darostwng pechaduriaid ystyfnig i fod yn bobl ufudd iddo: "Dy bobl a fyddant ewyllysgar yn nydd dy nerth." Salm 110:3 (BWM); 2 Cor. 10:4, 5.

(2.) Llywodraethu yng nghalonnau ei bobl trwy ras: "Ac felly, fel y teyrnasodd pechod trwy farwolaeth, y mae gras i deyrnasu trwy gyfiawnder. – Ni chaiff pechod arglwyddiaethu arnoch, oherwydd nid ydych mwyach dan deyrnasiad cyfraith, ond dan deyrnasiad gras." Rhuf. 5:21 a 6:14.

(3.) Amddiffyn ei bobl: "Yr ARGLWYDD yw ein barnwr, yr ARGLWYDD yw ein deddfwr; yr ARGLWYDD yw ein brenin, ac ef fydd yn ein gwaredu." Es. 33:22

100. *Beth yw swm yr hyn a wnaeth Crist trosom, ac er ein hiachawdwriaeth?*

"Mawrhau'r gyfraith, a'i gwneud yn anrhydeddus." Es. 42:21

101. *Sut anrhydeddodd Crist y gyfraith?*
Trwy ufuddhau i'w gorchmynion, a dioddef eu melltithion: "Fe'i darostyngodd ei hun, gan fod yn ufudd hyd angau, ie, angau ar groes." Phil. 2:8

102. *Beth yw swm y gyfraith?*
Caru'r Arglwydd â'n holl galon, a'n cymydog fel ni ein hunain. Math. 22:37, 39

103. *A garodd Crist Dduw â'i holl galon?*
Do; a hynny dan ei ddigofaint mwyaf: "Gwaeddodd Iesu â llef uchel, Fy Nuw, fy Nuw, pam yr wyt wedi fy ngadael?" Math. 27:46

104. *A garodd Crist ei gymydog fel ef ei hun?*
Do; a hynny yn eu gelyniaeth fwyaf yn ei erbyn: "Ac meddai Iesu (ar y groes), O Dad, maddau iddynt, oherwydd ni wyddant beth y maent yn ei wneud." Luc 23:34

105. *Pam anrhydeddodd Crist y gyfraith?*
Am ei bod yn "sanctaidd a chyfiawn a da". Rhuf. 7:12

106. *A oedd yn rhaid i Grist ufuddhau a dioddef hefyd?*
Oedd; i dynnu ymaith y felltith, a gweithredu cyfiawnder perffaith i'w bobl: "Oherwydd Crist yw diwedd y Gyfraith, ac felly, i bob un sy'n credu y daw cyfiawnder Duw." Rhuf. 10:4

107. *Pam oedd yn rhaid i Grist ddioddef melltithion y gyfraith?*
Am ei fod yn gyfiawn i Dduw gosbi pechod, a buasai'n anghyfiawn iddo beidio: "Oherwydd yr oedd yn gweddu i Dduw, yr hwn y mae popeth yn bod er ei fwyn a phopeth yn bod drwyddo, wrth ddwyn pobl lawer i ogoniant, wneud tywysog eu hiachawdwriaeth yn berffaith trwy ddioddefiadau." Heb. 2:10

108. *O ba farwolaeth y bu Crist farw?*
O farwolaeth felltigedig y groes: "Fe oddefodd ef y groes heb ddiffygio, gan ddiystyru gwarth." Heb. 12:2

109. *Pwy groeshoeliwyd gyda Christ?*
Dau leidr, un ar y llaw dde, a'r llall ar y chwith. Luc 23:33

110. *Pwy roddodd ef i farwolaeth?*
Pontius Pilat, rhaglaw Jwdea. Ioan 19:16

111. *Ble croeshoeliwyd Crist?*
Ar fynydd Calfaria, tu allan i waliau Jerwsalem: "Felly Iesu hefyd, dioddef y tu allan i'r porth a wnaeth ef, er mwyn sancteiddio'r bobl trwy ei waed ei hun." Heb. 13:12; Luc 23:33.

112. *Beth oedd dioddefiadau Crist i ni?*
Iawn dros ein pechodau: "Yr hwn a osododd Duw gerbron y byd, yn ei waed, yn iawn trwy ffydd. Gwnaeth

Duw hyn i ddangos ei gyfiawnder yn ddiymwad, yn wyneb yr anwybyddu a fu ar bechodau'r gorffennol yn amser ymatal Duw; ie, i ddangos ei gyfiawnder yn ddiymwad yn yr amser presennol hwn, sef ei fod ef ei hun yn gyfiawn a hefyd yn cyfiawnhau'r sawl sy'n meddu ar ffydd yn Iesu."   Rhuf. 3:25, 26 (ymyl)

113. *A oedd dioddefiadau Crist yn iawn digonol am bechod?*
Oeddynt; yn aberth, offrwm ac iawn cyflawn, perffaith a digonol dros y rhai oll a gredant ynddo yn yr holl fyd: "Ac ef sy'n iawn dros ein pechodau, ac nid dros ein pechodau ni yn unig, ond hefyd bechodau'r holl fyd."   1 Ioan 2:2 (ymyl)

114. *Pa sicrwydd sydd gennym o hynny?*
Mae ei atgyfodiad a'i ddyrchafiad yn y nefoedd yn sicrhau hynny: "Cafodd ef ei draddodi i farwolaeth am ein camweddau, a'i gyfodi i'n cyfiawnhau ni."   Rhuf. 4:25; 1 Cor. 15:17-20; Phil. 2:9.

115. *Ym medd pwy y claddwyd Crist?*
Ym medd newydd Joseff o Arimathea, lle nad oedd neb wedi gorwedd hyd hynny: "Rhoddwyd iddo fedd gyda'r rhai drygionus, a beddrod gyda'r troseddwyr."   Es. 53:9; Math. 27:60; Marc 15:46.

116. *Pam claddwyd Crist mewn bedd newydd, lle nad oedd neb wedi gorwedd hyd hynny?*
Fel byddai ei atgyfodiad yn fwy eglur a sicr: "Gosododd

ef mewn bedd wedi ei naddu, lle nad oedd neb hyd hynny wedi gorwedd." Luc 23:53

117. *Pryd cyfododd Crist?*
Yn gynnar y trydydd dydd: "Iddo gael ei gladdu, a'i gyfodi y trydydd dydd, yn ôl yr Ysgrythurau." 1 Cor. 15:4

118. *A oedd Crist yn abl i godi ei hun o'r bedd?*
Oedd: "Nid yw neb [medd Iesu am ei fywyd] yn ei dwyn oddi arnaf, ond myfi ohonof fy hun sy'n ei rhoi. Y mae gennyf hawl i'w rhoi, ac y mae gennyf hawl i'w derbyn eilwaith." Ioan 10:18

119. *A oedd ei atgyfodiad yn profi ei fod yn Dduw yn ogystal ag yn ddyn?*
Oedd: "Yn nhrefn sanctaidd yr Ysbryd, cyhoeddwyd ef yn Fab Duw, â mawr allu, trwy atgyfodiad o farwolaeth." Rhuf. 1:4

120. *A oedd Crist yn gryfach nag angau?*
Oedd; gorchfygodd angau, a dinistriodd yr hwn oedd â nerth marwolaeth ganddo: "A waredaf hwy o Sheol? A achubaf hwy rhag angau? O angau, ble mae dy blâu? O Sheol, ble mae dy ddinistr? Cuddiwyd trugaredd oddi wrth fy llygaid." Hos. 13:14; Heb. 2:14; 1 Cor. 15:21, 22.

121. *A yw Crist yn Arglwydd ar y byw a'r meirw?*
Ydy: "Oherwydd pwrpas Crist wrth farw a dod yn fyw oedd bod yn Arglwydd ar y meirw a'r byw." Rhuf. 14:9

122. *Pryd esgynnodd Crist i'r nefoedd?*
Deugain diwrnod ar ôl ei atgyfodiad fe esgynnodd yn weladwy uwch yr holl nefoedd, yn fuddugoliaethus ar ei holl elynion, gan arwain ei garcharorion yn gaeth a rhoi rhoddion i bobl. Act. 1:9; Salm 68:18; Eff. 1:20, 21 a 4:8.

123. *O ble'r esgynnodd Crist?*
O fynydd yr Olewydd yn agos i Jerwsalem. Act. 1:12

124. *Beth oedd y weithred olaf a wnaeth ef cyn esgyn?*
Bendithio'i ddisgyblion: "Wrth iddo'u bendithio, fe ymadawodd â hwy ac fe'i dygwyd i fyny i'r nef." Luc 24:51

125. *A ddaw Crist unwaith eto o'r nefoedd?*
Daw, yn niwedd y byd hwn, i farnu'r byw a'r meirw. Act. 1:11 a 3:21.

126. *Ai dim ond Crist all ein hachub?*
Ie: "Nid oes iachawdwriaeth yn neb arall, oblegid nid oes enw arall dan y nef, wedi ei roi i'r ddynolryw, y mae'n rhaid i ni gael ein hachub drwyddo." Act. 4:12

PENNOD 7

AM FFYDD A CHYFIAWNHAD

127. *Sut caiff pechadur ei gyfiawnhau o flaen Duw?*
Trwy ffydd yng nghyfiawnder Crist yn unig: "Ein dadl yw
y cyfiawnheir rhywun trwy gyfrwng ffydd yn annibynnol
ar gadw gofynion cyfraith." Rhuf. 3:28 a 10:3.

128. *Oni all person gael ei gyfiawnhau trwy ei gyfiawnder ei
hun?*
Na all; am nad yw'n meddu ar y cyfiawnder perffaith y
mae'r gyfraith yn ei ofyn: "Aethom i gyd fel peth aflan,
a'n holl gyfiawnderau fel clytiau budron; yr ydym i gyd
wedi crino fel deilen, a'n camweddau yn ein chwythu i
ffwrdd fel y gwynt." Es. 64:6

129. *Beth yw ystyr cyfiawnder Crist?*
Ei ufudd-dod perffaith i'r gyfraith yn ei fywyd, a'r iawn
a dalodd yn ei farwolaeth: "Oherwydd dioddefodd Crist
yntau un waith am byth dros bechodau, y cyfiawn dros
yr anghyfiawn, i'ch dwyn chwi at Dduw. – Gwneir y
llawer yn gyfiawn trwy ufudd-dod un dyn." 1 Pedr 3:18;
Rhuf. 5:19.

130. *Dros bwy y bu Crist farw?*
Dros ei bobl etholedig a roddwyd iddo gan y Tad: "Yr
wyf yn rhoi fy einioes dros y defaid." Ioan 10:15, 28, 29
a 17:6.

131. *Ym mha ystyr y bu Crist farw drostynt?*

Fel eu Mechnïydd, yn talu drostynt, ac yn marw yn eu lle: "Ond archollwyd ef am ein troseddau ni, a'i ddryllio am ein camweddau ni; roedd pris ein heddwch ni arno ef, a thrwy ei gleisiau ef y cawsom ni iachâd." Es. 53:5

132. *A gyfrifwyd pechodau ei bobl i Grist?*

Do: "Rhoes yr ARGLWYDD arno ef ein beiau ni i gyd. – Ni wybu Crist beth oedd pechu, ond gwnaeth Duw ef yn un â phechod drosom ni, er mwyn i ni ddod yn gyfiawnder Duw ynddo ef." Es. 53:6; 2 Cor. 5:21.

133. *Sut mae cyfiawnder Crist yn dod yn eiddo i ni?*

Trwy gyfrifiad ohono gan Dduw, ac undeb â Christ: "Credodd Abraham yn Nuw, ac fe'i cyfrifwyd iddo yn gyfiawnder – Ysgrifennwyd y geiriau, 'fe'i cyfrifwyd iddo', nid ar gyfer Abraham yn unig, ond ar ein cyfer ni hefyd. Y mae cyfiawnder i'w gyfrif i ni, sydd â ffydd gennym yn yr hwn a gyfododd Iesu ein Harglwydd oddi wrth y meirw." Rhuf. 4:3, 23, 24

134. *Pwy sydd yn cyfiawnhau pechadur?*

"Duw yw'r un sy'n dyfarnu'n gyfiawn." Rhuf. 8:33

135. *Beth yw cyfiawnhad?*

Gweithred rasol Duw yn cyfrif cyfiawnder Crist i bechadur trwy ffydd: "Gan ras Duw, ac am ddim, y maent yn cael eu cyfiawnhau, trwy'r prynedigaeth sydd yng Nghrist Iesu. – Un yw Duw, a bydd yn cyfiawnhau'r enwaededig trwy ffydd, a'r dienwaededig trwy'r un ffydd." Rhuf. 3:24, 30

136. *Sut mae pechadur yn cael ei ddwyn i undeb â Christ?*
Trwy waith nerthol yr Ysbryd Glân yn creu ffydd yn yr enaid i ddod at Grist a'i dderbyn: "Bydded iddo oleuo llygaid eich deall, a'ch dwyn i wybod... beth yw aruthrol fawredd y gallu sydd ganddo o'n plaid ni sy'n credu, y grymuster hwnnw a gyflawnodd yng ngrym ei nerth yng Nghrist." Eff. 1:18, 19; Rhuf. 10:17 a 1:19; Col. 2:12.

137. *Beth yw ffydd?*
(1.) Yn gyffredinol, credu tystiolaeth Duw yn ei air: "Yn awr, y mae ffydd yn warant o bethau y gobeithir amdanynt, ac yn sicrwydd o bethau na ellir eu gweld. Trwy ffydd yr ydym yn deall i'r bydysawd gael ei lunio gan air Duw." Heb. 11:1, 3
(2.) Ffydd gyfiawnhaol yw credu tystiolaeth Duw am ei Fab yn arbennig, ac ymorffwys arno am iachawdwriaeth: "Y mae'r sawl nad yw'n credu Duw yn ei wneud ef yn gelwyddog, am nad yw wedi credu'r dystiolaeth y mae Duw wedi ei rhoi. A hon yw'r dystiolaeth: bod Duw wedi rhoi inni fywyd tragwyddol. Ac y mae'r bywyd hwn yn ei Fab." 1 Ioan 5:10, 11

138. *Pa fath o gyfiawnder yw cyfiawnder Crist?*
(1.) Mae'n gyfiawnder *dwyfol*; Duw yn y cnawd a'i cwblhaodd: "Ond yn awr, yn annibynnol ar gyfraith, y mae cyfiawnder Duw wedi ei amlygu. Y mae'r Gyfraith a'r proffwydi, yn wir, yn dwyn tystiolaeth iddo. – Dyma'r

enw a roddir iddo: 'Yr ARGLWYDD ein Cyfiawnder'."
Rhuf. 3:21 a 1:17; Jer. 23:6; 1 Cor. 1:30.

(2.) Mae'n gyfiawnder *digonol*, nad oes rhaid ychwanegu ato: "Dymunodd yr ARGLWYDD, er mwyn ei gyfiawnder, fawrhau'r gyfraith, a'i gwneud yn anrhydeddus." Es. 42:21

(3.) Mae'n gyfiawnder *tragwyddol*: "Nodwyd deg wythnos a thrigain i'th bobl ac i'th ddinas sanctaidd, i roi diwedd ar wrthryfel a therfyn ar bechodau, i wneud iawn am ddrygioni ac i adfer cyfiawnder tragwyddol." Dan. 9:24

(4.) Mae'n gyfiawnder *rhad*, i bawb ac ar bawb a gredant: "Gan ras Duw, ac am ddim, y maent yn cael eu cyfiawnhau, trwy'r prynedigaeth sydd yng Nghrist Iesu." Rhuf. 8:22, 24

139. *Beth ddaw gyda chyfrifiad o gyfiawnder Crist?*

(1.) Maddeuant llawn o'n holl bechodau: "Dyna ystyr yr hyn y mae Dafydd yn ei ddweud am wynfyd y rhai y mae Duw yn cyfrif cyfiawnder iddynt, yn annibynnol ar gadw gofynion cyfraith: 'Gwyn eu byd y rhai y maddeuwyd eu troseddau, ac y cuddiwyd eu pechodau; gwyn ei fyd y sawl na fydd yr Arglwydd yn cyfrif pechod yn ei erbyn.'" Rhuf. 4:6-8

(2.) Derbyniad tragwyddol, a chymod â Duw: "Hynny yw, yr oedd Duw yng Nghrist yn cymodi'r byd ag ef ei hun, heb ddal neb yn gyfrifol am ei droseddau." 2 Cor. 5:19

140. *Pa fath o undeb sydd rhwng Crist a'i bobl?*

(1). Undeb *gwirioneddol*: "Yr wyf fi wedi rhoi iddynt hwy y gogoniant a roddaist ti i mi, er mwyn iddynt fod yn un fel yr ydym ni yn un." Ioan 17:22

(2.) Undeb *aruchel a dirgel*: "Oherwydd yr ydym ni'n aelodau o'i gorff ef – Y mae'r dirgelwch hwn yn fawr. Cyfeirio yr wyf at Grist ac at yr eglwys." Eff. 5:30, 32

(3.) Undeb *anwahanadwy*, na all na bywyd, nac angau, na dim arall, ei dorri: "Pwy a'n gwahana ni oddi wrth gariad Crist? Ai gorthrymder, neu ing, neu erlid, neu newyn, neu noethni, neu berygl, neu gleddyf? Yr wyf yn gwbl sicr na all nac angau nac einioes, nac angylion na thywysogaethau, na'r presennol na'r dyfodol, na grymusterau nac uchelderau na dyfnderau, na dim arall a grëwyd, ein gwahanu ni oddi wrth gariad Duw yng Nghrist Iesu ein Harglwydd." Rhuf. 8:35, 38, 39; Es. 54:10.

(4.) Undeb *manteisiol* iawn: "Mae pob peth yn eiddo i chwi, a chwithau yn eiddo Crist, a Christ yn eiddo Duw." 1 Cor. 3:22, 23

141. *Pa fanteision a breintiau sy'n dod o undeb â Christ?*

(1.) Mae Crist ei hun yn eiddo i ni yn ei holl berthnasau a'i swyddau: sef yn Gâr, yn Gyfaill, yn Fechnïydd, yn Feddyg, yn Frawd, yn Brynwr, yn Briod, yn Broffwyd, yn Frenin, yn Archoffeiriad trugarog, ac yn Ddadleuwr trosom gerbron Duw: "Oherwydd yr ydym ni bellach yn gydgyfrannogion â Christ, os glynwn yn dynn hyd y diwedd wrth ein hyder cyntaf." Heb. 3:14; Can. 2:16 a 5:16.

(2.) Mae cyfiawnder Crist yn eiddo i ni. Trwy'r cyfiawnder yma cawn ein hachub o ddamnedigaeth, ac fe roddir hawl i fywyd tragwyddol i ni: "Ond trwy ei weithred ef yr ydych chwi yng Nghrist Iesu, yr hwn a wnaed yn ddoethineb i ni oddi wrth Dduw, yn gyfiawnder a sancteiddhad a phrynedigaeth." 1 Cor. 1:30; Rhuf. 8:1.

(3.) Trwy undeb â Christ cawn ein mabwysiadu i fod yn blant i Dduw: "Ond cynifer ag a'i derbyniodd, rhoes iddynt hwy, y rhai sy'n credu yn ei enw, hawl i ddod yn blant Duw." Ioan 1:12; Eff. 1:5.

(4.) Trwy undeb â Christ y mae ein bywyd ysbrydol a'n nerth i ddwyn ffrwyth da, er gogoniant i Dduw – fel mae bywyd a nerth yr aelodau yn deillio o'u hundeb â'r corff, a ffrwyth y canghennau o'u hundeb â'r pren: "Y mae'r sawl sydd yn aros ynof fi, a minnau ynddo yntau, yn dwyn llawer o ffrwyth, oherwydd ar wahân i mi ni allwch wneud dim." Ioan 15:5; Rhuf. 7:4.

(5.) Trwy undeb â Christ y bydd atgyfodiad gogoneddus i'r saint, ac y gwneir hwynt yn gyd-etifeddion â Christ yn y nefoedd: "Ac os plant, etifeddion hefyd, etifeddion Duw a chyd-etifeddion â Christ, os yn wir yr ydym yn cyfranogi o'i ddioddefaint ef er mwyn cyfranogi o'i ogoniant hefyd." Rhuf. 8:17

142. *Ym mha ffordd y cawn ein gwneud yn gyfranogion o'r breintiau hyn trwy Grist?*

(1.) Fel ag yr ydym yn gydgyfrannogion gydag Adda yn ei gwymp a'i gosb, felly hefyd cawn ein gwneud yng Nghrist yn gydgyfrannogion o haeddiant ei holl ddioddefaint ef drosom: "Oherwydd fel y mae pawb yn marw yn Adda, felly hefyd y gwneir pawb yn fyw yng Nghrist." 1 Cor. 15:22

(2.) Fel yr halogwyd ac y'n collwyd ni yn Adda trwy bechod, felly yng Nghrist cawn ein glanhau a chawn ein cadw trwy ffydd: "Daeth y dyn cyntaf, Adda, yn fod byw. Ond daeth yr Adda diwethaf yn ysbryd sydd yn rhoi bywyd – Ac fel y bu delw'r dyn o'r llwch arnom, felly hefyd y bydd delw'r dyn o'r nef arnom." 1 Cor. 15:45, 49

(3.) Trwy Grist cawn y cwbl a gollom yn Adda, a llawer mwy: oherwydd bod cyfiawnder Crist yn rhagori ar y drygioni sydd mewn pechod: "Yr wyf fi wedi dod er mwyn i ddynion gael bywyd, a'i gael yn ei holl gyflawnder – lle'r amlhaodd pechod, daeth gorlif helaethach o ras." Ioan 10:10; Rhuf. 5:20.

PENNOD 8
AM WAITH YR YSBRYD GLÂN (1)

143. *Beth yw gwaith yr Ysbryd Glân?*
Sancteiddio a newid pechaduriaid i ddelw Duw: "Fe ddylem ni ddiolch i Dduw bob amser amdanoch chwi, gyfeillion annwyl gan yr Arglwydd, am i Dduw eich dewis chwi fel y rhai cyntaf i brofi iachawdwriaeth trwy waith sancteiddiol gan yr Ysbryd a thrwy gredu'r gwirionedd." 2 Thes. 2:13; 1 Pedr 1:2; Luc 1:75.

144. *Pwy mae'r Ysbryd yn eu sancteiddio?*
Holl bobl etholedig Dduw: "Etholedigion yn ôl rhagwybodaeth Duw y Tad, trwy waith sancteiddiol yr Ysbryd, i fod yn ufudd i Iesu Grist ac i'w taenellu â'i waed ef." 1 Pedr 1:2; Eff. 1:4.

145. *A oes unrhyw un yn sanctaidd yn naturiol?*
Nac oes: "Wele, mewn drygioni y'm ganwyd, ac mewn pechod y beichiogodd fy mam." Salm 51:5; Job 14:4; Ioan 3:8; Rhuf. 5:12.

146. *A all unrhyw un fod yn gadwedig heb sancteiddrwydd?*
Na all: "Ceisiwch... y bywyd sanctaidd hwnnw nad oes modd i neb weld yr Arglwydd hebddo." Heb. 12:14

147. *A all unrhyw un heblaw'r Ysbryd Glân sancteiddio pechadur aflan?*
Na all: "Yr ydych wedi'ch golchi, a'ch sancteiddio, a'ch cyfiawnhau trwy enw'r Arglwydd Iesu Grist, a thrwy Ysbryd ein Duw ni." 1 Cor. 6:11 a 2:10, 11.

148. *Pa enwau sy'n cael eu rhoi ar y newid hwn?*
(1.) *Ail-enedigaeth*, am eu bod yn cael eu geni eto o Dduw: "Yr ydych wedi eich geni o'r newydd, nid o had llygradwy, ond anllygradwy, trwy air Duw, sydd yn fyw ac yn aros." 1 Pedr 1:23; Ioan 3:8.

(2.) *Atgyfodiad*, am fod yr enaid, sy'n farw mewn pechod, yn cael ei fywhau yn ysbrydol: "Ac er eich bod yn feirw yn eich camweddau a'ch cnawd dienwaededig, fe'ch gwnaeth chwi yn fyw gydag ef. Y mae wedi maddau inni ein holl gamweddau." Col. 2:13; Eff. 2:1.

(3.) *Creadigaeth newydd*, am na all dim byd ond gallu anfeidrol Duw ei gwblhau: "Oherwydd ei waith ef ydym, wedi ein creu yng Nghrist Iesu i fywyd o weithredoedd da, bywyd y mae Duw wedi ei drefnu inni o'r dechrau." Eff. 2:10; 2 Cor. 5:5, 17.

(4.) *Enwaediad y galon*: "Bydd yr ARGLWYDD dy Dduw yn enwaedu dy galon, a chalonnau dy ddisgynyddion, er mwyn iti garu yr ARGLWYDD dy Dduw â'th holl galon ac â'th holl enaid, fel y byddi fyw." Deut. 30:6 a 10:16.

(5.) *Rhoi calon ac ysbryd newydd*: "Taenellaf ddŵr glân drosoch i'ch glanhau; a byddwch yn lân o'ch holl aflendid ac o'ch holl eilunod. Rhof i chwi galon newydd, a bydd ysbryd newydd ynoch; tynnaf allan ohonoch y galon garreg, a rhof i chwi galon gig. Rhof fy ysbryd ynoch, a gwneud ichwi ddilyn fy neddfau a gofalu cadw fy ngorchmynion." Esec. 36:25-27 a 11:19; Jer. 32:39.

(6.) *Rhoi'r gyfraith yn y meddwl, a'i hysgrifennu yn y galon*: "Rhof fy nghyfreithiau yn eu meddwl, ac ysgrifennaf hwy ar eu calon. A byddaf yn Dduw iddynt, a hwythau'n bobl i mi." Heb. 8:10

149. *Sut mae'r Ysbryd Glân yn gweithredu'r newid hwn?*
Trwy uno'r enaid â Christ; oherwydd trwy undeb â Christ y daw pob gras a braint i ni: "Os yw rhywun yng Nghrist, y mae'n greadigaeth newydd; aeth yr hen heibio, y mae'r newydd yma." 2 Cor. 5:17

150. *Sut mae'r Ysbryd Glân yn dod â phechadur at Grist?*
(1.) Trwy argyhoeddi'r enaid o bechod: "A phan ddaw, fe argyhoedda ef y byd ynglŷn â phechod." Ioan 16:8
(2.) Trwy amlygu Iesu Grist yn Iachawdwr digonol i bechadur: "Bydd ef yn fy ngogoneddu i [medd Crist], oherwydd bydd yn cymryd o'r hyn sy'n eiddo i mi ac yn ei fynegi i chwi." Ioan 16:14; Math. 16:17; 1 Cor. 2:10.
(3.) Trwy ei nerthu i ymddiried yng Nghrist am iachawdwriaeth: "Ni all neb ddweud, 'Iesu yw'r Arglwydd!' ond trwy yr Ysbryd Glân." 1 Cor. 12:3

151. *Beth yw Pechod?*
"Anghyfraith yw pechod." 1 Ioan 3:4

152. *Beth yw anghyfraith?*
Anghydffurfio â chyfraith Duw mewn meddwl, gair, neu weithred; hynny yw, peidio â gwneud y peth mae Duw'n gorchymyn, neu wneud yr hyn mae'n gwahardd.

153. *Sawl math o bechod sydd?*
Dau; pechod gwreiddiol, a phechod gweithredol.

154. *Beth yw pechod gwreiddiol?*
Cyfrifiad o bechod cyntaf Adda i ni, a'r felltith ddyledus amdano, ynghyd â llygriad ein holl natur mewn canlyniad i hynny: "Dyma'r gymhariaeth gan hynny: fel y daeth collfarn ar y ddynolryw i gyd trwy un weithred o drosedd, felly hefyd y daeth cyfiawnhad sy'n esgor ar

fywyd i'r ddynolryw i gyd trwy un weithred o gyfiawnder. Fel y gwnaethpwyd y llawer yn bechaduriaid trwy anufudd-dod un dyn, felly hefyd y gweir y llawer yn gyfiawn trwy ufudd-dod un dyn." Rhuf. 5:18, 19

155. *Beth yw pechod gweithredol?*
Torri cyfraith Duw ar feddwl, gair, neu weithred: "Y mae pob un sy'n cyflawni pechod yn gwneud anghyfraith hefyd." 1 Ioan 3:4

156. *Beth sy'n nodweddu gwir argyhoeddiad o bechod?*
(1.) Cydnabyddiaeth o bechadurusrwydd ein holl natur: "Oherwydd mi wn nad oes dim da yn cartrefu ynof fi, hynny yw, yn fy nghnawd." Rhuf. 7:18

(2.) Cydnabyddiaeth o'r drwg mawr sydd mewn pechod: "Sut felly y gwnawn i y drwg mawr hwn, a phechu yn erbyn Duw?" Gen. 39:9

(3.) Cyfiawnhad o farn gyfiawn Duw yn ein herbyn am bechod: "Yn dy erbyn di, ti yn unig, y pechais a gwneud yr hyn a ystyri'n ddrwg, fel dy fod yn gyfiawn yn dy ddedfryd, ac yn gywir yn dy farn." Salm 51:4; Rhuf. 3:4.

(4.) Cydnabyddiaeth o'r angenrheidrwydd am iachawdwriaeth mewn un arall i'n gwaredu oddi wrth y farn ofnadwy hon: "Yna daeth â hwy allan a dweud, 'Foneddigion, beth sy raid imi ei wneud i gael fy achub?' Dywedasant hwythau, 'Cred yn yr Arglwydd Iesu, ac fe gei dy achub'." Act. 16:30, 31 a 2:37, 38.

157. *Sut, yn fwyaf arbennig, mae'r Ysbryd Glân yn argyhoeddi'r pechadur o bechod?*

(1.) Trwy'r Gyfraith: "Yr hyn a geir trwy'r Gyfraith yw ymwybyddiaeth o bechod."   Rhuf. 3:20 a 7:7.

(2.) Mae'r Ysbryd Glân yn agor ei lygaid, a'i droi o dywyllwch i oleuni, gan ddangos bod pechod yn wir bechadurus.   Act. 26:18; Rhuf. 7:13.

158. *Beth yw gwir edifeirwch am bechod?*

Mae gwir edifeirwch yn cynnwys:

(1.) Gwir ostyngeiddrwydd a thristwch duwiol am bechod: "Am hynny rwyf yn fy ffieiddio fy hunan, ac yn edifarhau mewn llwch a lludw."   Job 42:6; Luc 1:37, 38.

(2.) Casineb mawr at bechod: "Ystyriwch ganlyniadau derbyn eich loes mewn ffordd dduwiol: y fath ymroddiad a barodd ynoch, ie, y fath hunanamddiffyniad, y fath ddicter, y fath ofn, y fath ddyhead, y fath sêl, y fath benderfyniad i gosbi'n gyfiawn?"   2 Cor. 7:11

(3.) Ymgais dyfal am waredigaeth oddi wrtho: "Y dyn truan ag ydwyf! Pwy a'm gwared i o'r corff hwn a'i farwolaeth?"   Rhuf. 7:24

(4.) Adnewyddiad mewn ysbryd a meddwl: "A'ch bod i gael eich adnewyddu mewn ysbryd a meddwl, a gwisgo amdanoch y natur ddynol newydd sydd wedi ei chreu ar ddelw Duw, yn y cyfiawnder a'r sancteiddrwydd sy'n gweddu i'r gwirionedd."   Eff. 4:23, 24; Math. 12:22.

(5.) Dychweliad at Dduw yng Nghrist: "Gadawed y drygionus ei ffordd, a'r un ofer ei fwriadau, a dychwelyd at yr ARGLWYDD, iddo drugarhau wrtho, ac at ein Duw ni, oherwydd fe faddau'n helaeth." Es. 55:7

(6.) Bwriad difrifol i ddilyn bywyd newydd: "Beth sydd a wnelo Effraim mwy ag eilunod?"

Hos. 14:8; 1 Pedr 4:2, 3.

159. *A fydd unrhyw un yn gadwedig heb wir edifeirwch am bechod?*

Na fydd: "Os nad edifarhewch, fe dderfydd amdanoch oll." Luc 13:5

160. *A yw Duw'n maddau pechodau'r edifeiriol?*

Ydy: mae edifeirwch a maddeuant wedi eu cysylltu'n anwahanadwy â'i gilydd: "Hwn a ddyrchafodd Duw at ei law dde yn Bentywysog a Gwaredwr, i roi edifeirwch i Israel a maddeuant pechodau." Act. 5:31 a 3:19.

161. *Sut mae Duw'n maddau?*

(1.) Mae'n maddau'n *gyfiawn*, trwy Grist: "Os cyffeswn ein pechodau, y mae ef yn ffyddlon ac yn gyfiawn, ac felly fe faddeua inni ein pechodau, a'n glanhau o bob anghyfiawnder." 1 Ioan 1:9; Salm 51:4.

(2.) Mae'n maddau'n *rhad*: "Myfi, myfi yw Duw, sy'n dileu dy droseddau er fy mwyn fy hun, heb alw i gof dy bechodau." Es. 43:25

(3.) Mae'n maddau'r *cwbl*: "Ef sy'n maddau fy holl gamweddau, yn iacháu fy holl afiechyd." Salm 103:3; Mic. 7:19.

(4.) Mae'n maddau *am byth*: "Oherwydd maddeuaf

iddynt eu drygioni, ac ni chofiaf eu pechodau byth mwy." Jer. 31:34; Heb. 8:12.

PENNOD 9
AM WAITH YR YSBRYD GLÂN (2)

162. *Beth arall mae'r Ysbryd Glân yn gwneud i ddod â phechadur at Grist?*
Amlygu Iesu Grist yn Iachawdwr digonol i bechaduriaid: "A phan ddaw, fe argyhoedda ef y byd ynglŷn â phechod, a chyfiawnder, a barn." Ioan 16:8, 10

163. *Trwy ba foddion mae'r Ysbryd Glân yn amlygu Crist?*
Trwy'r gair, ac ordinhadau'r efengyl: "Yr ydych yn chwilio'r Ysgrythurau – tystiolaethu amdanaf fi y mae'r rhain. – Felly, o'r hyn a glywir y daw ffydd, a daw'r clywed trwy air Crist." Ioan 5:39; Rhuf. 10:17.

164. *Pwy sy'n derbyn y datguddiad hwn o Grist?*
(1.) Y rhai a wir argyhoeddwyd o bechod: "Nid ar y cryfion ond ar y cleifion y mae angen meddyg." Math. 9:12

(2.) Y rhai a wir newidiwyd gan Ysbryd Duw: "Nid yw'r rhai anianol yn derbyn pethau Ysbryd Duw, oherwydd ffolineb ydynt iddynt hwy, ac ni allant eu hamgyffred, gan mai mewn modd ysbrydol y maent yn cael eu barnu." 1 Cor. 2:14

165. *Pa bethau am Iesu yn fwyaf arbennig mae'r Ysbryd Glân yn eu datguddio i'r enaid?*

(1.) Mawredd rhagorol a gogoniant ei Berson: "A daeth y Gair yn gnawd a phreswylio yn ein plith, yn llawn gras a gwirionedd; gwelsom ei ogoniant ef, ei ogoniant fel unig Fab yn dod oddi wrth y Tad." Ioan 1:14

(2.) Ei fod wedi ei osod gan Dduw yn y swydd o Gyfryngwr: "Oddi wrth Dduw y deuthum allan a dod yma. Nid wyf wedi dod ohonof fy hun, ond ef a'm hanfonodd." Ioan 8:42 a 17:3.

(3.) Digonolrwydd ei aberth yn iawn am bechod: "Mab y Dyn [ni] ddaeth i gael ei wasanaethu ond i wasanaethu, ac i roi ei einioes yn bridwerth dros lawer." Math. 20:28; 1 Pedr 1:18, 19; Dat. 1:5.

(4.) Golud anchwiliadwy ei ras: "I mi, y llai na'r lleiaf o'r holl saint, y rhoddwyd y rhodd raslon hon, i bregethu i'r Cenhedloedd anchwiliadwy olud Crist." Eff. 3:8, 9; Col. 1:17-19.

(5.) Ei barodrwydd i dderbyn pechaduriaid: "Bydd pob un y mae'r Tad yn ei roi i mi yn dod ataf fi, ac ni fwriaf allan byth mo'r sawl sy'n dod ataf fi." Ioan 6. 37; Es. 55:7; Dat. 22:17.

166. *Beth yw canlyniadau'r datguddiad hwn o Grist?*

(1.) Y cariad anwylaf at Grist: "Ac arogl dy bersawr yn hyfryd, a'th enw fel persawr wedi ei wasgaru; dyna pam y mae merched yn dy garu." Can. 1:3, 4; 1 Pedr 2:7.

(2.) Gwrthodiad llawn â phopeth arall, ac ymorffwys ar Grist yn unig am iachawdwriaeth: "A mwy na hynny hyd

yn oed, yr wyf yn dal i gyfrif pob peth yn golled, ar bwys rhagoriaeth y profiad o adnabod Crist Iesu fy Arglwydd, yr un y collais bob peth o'i herwydd. Yr wyf yn cyfrif y cwbl yn ysbwriel, er mwyn imi ennill Crist a'm cael ynddo ef, heb ddim cyfiawnder o'm heiddo fy hun sy'n tarddu o'r Gyfraith, ond hwnnw sydd trwy ffydd yng Nghrist, y cyfiawnder sydd o Dduw ar sail ffydd."
Phil. 3:8, 9

(3.) Heddwch gyda Duw: "Am hynny, oherwydd ein bod wedi ein cyfiawnhau trwy ffydd, y mae gennym heddwch â Duw trwy ein Harglwydd Iesu Grist."
Rhuf 5:1

(4.) Cynnydd mewn gwir sancteiddrwydd: "Ac yr ydym ni i gyd, heb orchudd ar ein hwyneb, yn edrych, fel mewn drych, ar ogoniant yr Arglwydd ac yn cael ein trawsffurfio o ogoniant i ogoniant, yn wir lun ohono ef. A gwaith yr Arglwydd, yr Ysbryd, yw hyn." 2 Cor. 3.18

167. *Ym mha bethau yn arbennig y gwelir gogoniant Duw?*
(1.) Gwelir gogoniant Duw yn y greadigaeth: "Yn wir, er pan greodd Duw y byd, y mae ei briodoleddau anweledig ef, ei dragwyddol allu a'i dduwdod, i'w gweld yn eglur gan y deall yn y pethau a greodd." Rhuf. 1:20; Salm 19:1.

(2.) Gwelir ef yn ogoneddus yn ei ragluniaethau dirgel, yn trefnu ac yn cynnal pob peth yn anfeidrol ddoeth a da: "Ac eto ni adawodd ei hun heb dyst, gan iddo gyfrannu bendithion: rhoi glaw ichwi o'r nef, a thymhorau ffrwythlon, a chyflawnder calon o luniaeth a llawenydd." Act. 14:17; Rhuf. 11:33.

(3.) Mae'r gyfraith yn gosod allan ei gyfiawnder a'i

sancteiddrwydd pur: "Gan hynny, y mae'r Gyfraith yn sanctaidd, a'r gorchymyn yn sanctaidd a chyfiawn a da." Rhuf. 7:12

(4.) Ond yn wyneb Iesu Grist y gwelir holl briodoleddau Duw yn disgleirio gyda gogoniant anghymharol: "Oherwydd y Duw a ddywedodd, 'Llewyrched goleuni o'r tywyllwch', a lewyrchodd yn ein calonnau i roi i ni oleuni'r wybodaeth am ogoniant Duw yn wyneb Iesu Grist." 2 Cor. 4:6

168. *Pa briodoleddau sy'n ymddangos yn ogoneddus yn wyneb Iesu Grist?*

Priodoleddau'r Duwdod i gyd, ond, yn fwyaf arbennig:

(1.) Ei gariad rhad tragwyddol: "Yn hyn y dangoswyd cariad Duw tuag atom: bod Duw wedi anfon ei unig Fab i'r byd er mwyn i ni gael byw drwyddo ef." 1 Ioan 4:9

(2.) Dyfnder golud doethineb Duw, yn trefnu'r fath ffordd anrhydeddus iddo'i hun, a manteisiol i ninnau: "Er mwyn i ysblander amryfal ddoethineb Duw gael ei hysbysu yn awr, trwy'r eglwys, i'r tywysogaethau a'r awdurdodau yn y nefolion leoedd." Eff. 3:10

(3.) Ei sancteiddrwydd pur a'i gyfiawnder anfeidrol, yn cosbi pechod mor llym ar ei Fab ei hun: "archollwyd ef am ein troseddau ni, a'i ddryllio am ein camweddau ni; roedd pris ein heddwch ni arno ef, a thrwy ei gleisiau ef y cawsom ni iachâd. – Yr ARGLWYDD a fynnai ei ddryllio a gwneud iddo ddioddef." Es. 53:5, 10

169. *Sut mae golwg ar ogoniant Duw yn wyneb Iesu Grist yn ein newid i'r un ddelw?*

(1.) Trwy edrych ar gariad Duw, yn wyneb Iesu Grist, mae'r Ysbryd Glân yn tywallt cariad Duw yn ein calonnau: "Yr ydym ni'n caru, am iddo ef yn gyntaf ein caru ni." 1 Ioan 4:19

(2.) Mae golwg ar drugaredd faddeuol Duw yn rhoi ysbryd maddeugar i ni: "Byddwch yn dirion wrth eich gilydd; yn dyner eich calon, yn maddau i'ch gilydd fel y maddeuodd Duw yng Nghrist i chwi." Eff. 4:32; Math. 6:14, 18, 35 a 5:44, 45; Marc 11:25.

(3.) Mae golwg ar sancteiddrwydd a chyfiawnder Duw, yn casáu ac yn cosbi pechod yn ddiarbed ar ei Fab ei hun, yn ein llanw ni â'r casineb mwyaf at bechod: "A thywalltaf ar linach Dafydd ac ar drigolion Jerwsalem ysbryd gras a gweddïau, ac edrychant ar yr un a drywanwyd ganddynt, a galaru amdano fel am uniganedig, ac wylo amdano fel am gyntafanedig." Sech. 12:10.

170. *Beth arall mae'r Ysbryd Glân yn gwneud i'r rhai a sancteiddiwyd?*

(1.) Mae'n eu diddanu yn eu holl dristwch: "Ac fe ofynnaf finnau i'm Tad, ac fe rydd ef i chwi Eiriolwr [neu Ddiddanydd] arall i fod gyda chwi am byth." Ioan 14:16

(2.) "Y mae'r Ysbryd ei hun yn cyd-dystiolaethu â'n hysbryd ni, ein bod yn blant i Dduw." Rhuf. 8:16

(3.) Mae'n eu selio, a thrwy hynny yn cryfhau eu ffydd a'u hymroddiad i Dduw: "A chwithau, wedi ichwi glywed gair y gwirionedd, Efengyl eich iachawdwriaeth, ac wedi ichwi gredu ynddo, gosodwyd arnoch yng Nghrist sêl yr Ysbryd Glân, yr hwn oedd wedi ei addo." Eff. 1:13 a 4:30.

(4.) Mae EFE ynddynt yn ernes o'u hetifeddiaeth dragwyddol: "Yr Ysbryd hwn yw'r ernes o'n hetifeddiaeth, nes ein prynu'n rhydd i'w meddiannu'n llawn, er clod i ogoniant Duw." Eff. 1:14; 2 Cor. 1:22.

(5.) Mae'n Ysbryd gras a gweddïau ynddynt, ac yn erfyn trostynt ag ocheneidiau sydd y tu hwnt i eiriau: "Yn yr un modd, y mae'r Ysbryd yn ein cynorthwyo yn ein gwendid. Oherwydd ni wyddom ni sut y dylem weddïo, ond y mae'r Ysbryd ei hun yn ymbil trosom ag ocheneidiau y tu hwnt i eiriau." Rhuf. 8:26; Sech. 12:10.

(6.) Mae'n eu cynorthwyo ac yn eu harwain; "Y mae pawb sy'n cael eu harwain gan Ysbryd Duw yn blant Duw." Rhuf. 8:14; Gal. 5:18.

(7.) Mae'n eu dysgu yn holl wirioneddau'r efengyl: "Ond bydd yr Eiriolwr, yr Ysbryd Glân, a anfona'r Tad yn fy enw i, yn dysgu popeth ichwi, ac yn dwyn ar gof ichwi y cwbl a ddywedais i wrthych. – Fe'ch arwain chwi yn yr holl wirionedd. – Oherwydd trwyddo ef y mae gennym ni ein dau ffordd i ddod, mewn un Ysbryd, at y Tad." Ioan 14:26 a 16:13; Eff. 2:18.

(8.) Mae'n eu bywhau ac yn eu cadarnhau gyda nerth mewnol i ddioddef a gwneud ewyllys Duw ym mhob peth: "Ar iddo ganiatáu i chwi, yn ôl cyfoeth ei ogoniant, gryfder a nerth mewnol trwy'r Ysbryd." Eff. 3:16

(9.) Mae'n bywhau eu cyrff, ac fe fydd yn eu hatgyfodi i ogoniant yn y dydd olaf: "Os yw Ysbryd yr hwn a gyfododd Iesu oddi wrth y meirw yn cartrefu ynoch, bydd yr hwn a gyfododd Grist oddi wrth y meirw yn rhoi bywyd newydd hefyd i'ch cyrff marwol chwi, trwy ei Ysbryd, sy'n ymgartrefu ynoch chwi." Rhuf. 8:11

171. *Sut mae'r Ysbryd Glân yn gweithio yn ei bobl?*
(1.) Mae'n gweithio gyda nerth anorchfygol: "Canys nid arfau gwan y cnawd yw arfau ein milwriaeth ni, ond rhai nerthol Duw sy'n dymchwel cestyll. Felly yr ydym yn dymchwel dadleuon dynol, a phob ymhoniad balch sy'n ymgodi yn erbyn yr adnabyddiaeth o Dduw, ac yn cymryd pob meddwl yn garcharor i fod yn ufudd i Grist." 2 Cor. 10:4, 5; Eff. 1:19, 20.

(2) Mae'n gweithio'n rhydd, yn ôl ei ewyllys ei hun: "Y mae'r gwynt yn chwythu lle y myn, ac yr wyt yn clywed ei sŵn, ond ni wyddost o ble y mae'n dod nac i ble y mae'n mynd. Felly y mae gyda phob un sydd wedi ei eni o'r Ysbryd." Ioan 3:8; 1 Cor. 12:11; Exod. 33:19; Rhuf. 9:15.

(3.) Mae'n gweithio'n rhad, heb ddim ynom ni yn ei gymell: "Dyro imi eto orfoledd dy iachawdwriaeth, a chynysgaedda fi ag ysbryd ufudd." Salm 51:12

172. *Beth yw ein dyletswydd yn wyneb y gwirioneddau yma?*
(1.) Gweddïo am yr Ysbryd Glân: "Am hynny, os ydych chwi, sy'n ddrwg, yn medru rhoi rhoddion da i'ch plant, gymaint mwy y rhydd y Tad nefol yr Ysbryd Glân i'r rhai sy'n gofyn ganddo?" Luc 11:13
(2.) Addoli Duw yn yr Ysbryd: "Ysbryd yw Duw, a rhaid i'w addolwyr ef addoli mewn ysbryd a gwirionedd." Ioan 4:24

(3.) Byw yn ôl yr Ysbryd, â'n bryd ar bethau'r Ysbryd: "Gwnaeth hyn er mwyn i ofynion cyfiawn y Gyfraith gael eu cyflawni ynom ni, sy'n byw, nid ar wastad y cnawd, ond ar wastad yr Ysbryd. Oherwydd y sawl sydd â'u bodolaeth ar wastad y cnawd, ar bethau'r cnawd y mae eu bryd; ond y sawl sydd ar wastad yr Ysbryd, ar bethau'r Ysbryd y mae eu bryd." Rhuf. 8:4, 5

(4.) Peidio â chythruddo a thristáu'r Ysbryd Glân: "Peidiwch â thristáu Ysbryd Glân Duw, yr Ysbryd y gosodwyd ei sêl arnoch ar gyfer dydd eich prynu'n rhydd." Eff. 4:30

(5.) Cydnabod yr Ysbryd yn ddiolchgar yn ei holl roddion, ei gynorthwyon, a'i gysuron: "Diolch i Dduw am ei rodd anhraethadwy." 2 Cor. 9:15; 1 Thes. 5:18.

(6.) Peidio â diffodd yr Ysbryd yn ei gynyrfiadau sanctaidd, ond yn hytrach ufuddhau iddo o barodrwydd meddwl: "Peidiwch â diffodd yr Ysbryd." 1 Thes. 5:19

173. *Beth yw ffrwyth yr Ysbryd?*
"Ffrwyth yr Ysbryd yw cariad, llawenydd, tangnefedd, goddefgarwch, caredigrwydd, daioni, ffyddlondeb, addfwynder, hunanddisgyblaeth. Nid oes cyfraith yn erbyn rhinweddau fel y rhain." Gal. 5:22, 23

174. *A all unrhyw un ddwyn y ffrwyth yma heb fod yr Ysbryd Glân yn byw ynddynt?*
(1.) Gall fod rhywbeth tebyg, heb fod yn wir ffrwyth; rhai sy'n "cadw ffurf allanol crefydd ond yn gwadu ei grym hi." 2 Tim. 3:5

(2.) Gall fod doniau'r Ysbryd, ond ni all fod ffrwyth da heb wreiddyn da i'w dwyn: "Ni all coeden dda ddwyn ffrwyth drwg, na choeden wael ffrwyth da."   Math. 7:18

175. *Beth yw ffrwythau'r cnawd?*
"Y mae gweithredoedd y cnawd yn amlwg, sef puteindra, amhurdeb, anlladrwydd, eilunaddoliaeth, dewiniaeth, cweryla, cynnen, eiddigedd, llidio, ymgiprys, rhwygo, ymbleidio, cenfigennu, meddwi, cyfeddach, a phethau tebyg. Yr wyf yn eich rhybuddio, fel y gwneuthum o'r blaen, na chaiff y rhai sy'n gwneud y fath bethau etifeddu teyrnas Dduw."   Gal. 5:19-21

176. *A all y rhai sydd yn gwneud y cyfryw bethau fod yn gadwedig?*
Na allant, heb eu newid: "Yr wyf yn eich rhybuddio, fel y gwneuthum o'r blaen, na chaiff y rhai sy'n gwneud y fath bethau etifeddu teyrnas Dduw."   Gal. 5:21

177. *Ydy'r rhai a newidiwyd gan yr Ysbryd Glân yn gwbl rydd oddi wrth y cnawd a'i ffrwythau?*
Maent yn rhydd o'i lywodraeth, ond nid o'i fodolaeth na'i weithrediadau: "Oherwydd y mae chwantau'r cnawd yn erbyn yr Ysbryd, a chwantau'r Ysbryd yn erbyn y cnawd. Y maent yn tynnu'n groes i'w gilydd, fel na allwch wneud yr hyn a fynnwch."   Gal. 5:17

PENNOD 10

AM Y GYFRAITH

178. *Beth sy'n dod yn amlwg fel prawf eglur o'n hadnewyddiad gan yr Ysbryd Glân?*
Ufudd-dod parod i holl orchmynion Duw: "Os ydych yn fy ngharu i," medd Crist, "fe gadwch fy ngorchmynion i." Ioan 14:15; 1 Pedr 1:2.

179. *Sut syrthiodd dyn?*
Trwy anufudd-dod: "Gwnaethpwyd y llawer yn bechaduriaid trwy anufudd-dod un dyn." Rhuf. 5:19

180. *Sut caiff pechadur ei gyfiawnhau o flaen Duw?*
Trwy ufudd-dod a marwolaeth Crist drosto: "Cafodd ef ei draddodi i farwolaeth am ein camweddau, a'i gyfodi i'n cyfiawnhau ni."   Rhuf. 4:25

181. *I beth mae'r Ysbryd yn adnewyddu pechadur?*
I ufudd-dod calon ac ewyllysgar: "Ond, diolch i Dduw, yr ydych chwi, a fu'n gaethion i bechod, yn awr wedi rhoi ufudd-dod calon i'r patrwm hwnnw o athrawiaeth y traddodwyd chwi iddo." Rhuf. 6:17; Tit. 2:14.

182. *Pa reol o ufudd-dod rhoddodd Duw i ni?*
Ei ewyllys ddatguddiedig, yn enwedig ei gyfraith sanctaidd: "Os ydych yn fy ngharu i, fe gadwch fy ngorchmynion i." Ioan 14:15; 2 Tim. 3:16, 17.

183. *Beth yw Cyfraith Duw?*

Y Deg Gorchymyn[580] a roddwyd i Israel ar fynydd Sinai: "Mynegodd i chwi ei gyfamod, sef y deg gorchymyn yr oedd yn eu gorchymyn i chwi eu cadw, ac ysgrifennodd hwy ar ddwy lechen." Deut. 4:13; Exod. 31:18.

184. *A oedd Duw wedi rhoi'r gyfraith i'r ddynoliaeth cyn hyn?*

Oedd, roedd wedi ei rhoi yng nghalonnau ein rhieni cyntaf cyn y cwymp. Gen. 2:17

185. *Pam rhoddwyd y gyfraith i'r ddynoliaeth wedi'r cwymp?*

(1.) I ddangos awdurdod cyfiawn Duw i ofyn ufudd-dod, er bod dyn wedi anufuddhau: "Myfi yw'r ARGLWYDD dy Dduw, a'th ddygodd o wlad yr Aifft; nid adwaenit Dduw heblaw myfi, ac nid oedd achubydd ond myfi." Hos. 13:4; Exod. 20:1, 2.

(2.) Nid er mwyn i ni gael bywyd trwyddi, ond i ddangos ein bod wedi colli ein bywyd trwy bechod: "Daeth y Gyfraith i mewn, er mwyn i drosedd amlhau." Rhuf. 5:20

(3.) Bu'r gyfraith, trwy ddangos bod yn rhaid cael cyfryngwr, yn was i warchod trosom hyd nes i Grist ddod. Gal. 3:24

---

580 Heblaw'r Deg Gorchymyn – a elwir y Gyfraith Foesol, am eu bod yn rheol o foesau da ac yn gosod allan yr hyn sy'n rhwym ar bob dyn i ymddwyn yn gyfiawn ac yn ddi-fai tuag at Dduw a phobl ym mhopeth ac sy'n parhau am byth – rhoddodd Duw hefyd i'r Iddewon trwy Moses Gyfraith Farnedigaethol yn ddeddf gwlad, a farnai ar bob achos rhwng y bobl a'i gilydd; a'r Gyfraith Seremonïol yn rheol o'r aberthau a'r pethau cysgodol oedd yn perthyn i wasanaeth y deml a.y.y.b. Yr oedd y cyfreithiau hyn yn weithredol i'r Iddewon yn unig, ond y mae'n addysgiadol i ninnau eu chwilio'n ddyfal, a'u hystyried.

(4.) I fod yn rheol bywyd sanctaidd: "Byddwch yn ofalus iawn i gadw'r gorchymyn a'r gyfraith … i garu'r ARGLWYDD eich Duw, a cherdded yn ei holl lwybrau, i gadw ei orchmynion, a glynu wrtho a'i wasanaethu â'ch holl galon ac â'ch holl enaid."   Jos. 22:5; Math. 5:17; 1 Cor. 9:21; Deut. 6:6, 7, 17 a 11:22.

186. *Beth yn arbennig dylwn nodi am y Deg Gorchymyn?*

(1.) Awdurdod Duw ynddynt, yn ein rhwymo i ufudd-dod: "Yr wyt i wrando ar lais yr ARGLWYDD dy Dduw a chadw ei orchmynion a'i ddeddfau."   Deut. 27:10; 2 Bren. 17:37.

(2.) Eu bod yn rhwymo'r holl berson – gorff ac enaid – i ufudd-dod, neu i gosb am anufudd-dod: "Gwyddom, yn wir, fod y Gyfraith yn perthyn i fyd yr Ysbryd."   Rhuf. 7:14

(3.) Pa mor bellgyrhaeddol mae'r gorchmynion o ran eu hystyr: "Gwelaf fod popeth yn dod i ben, ond nid oes terfyn i'th orchymyn di."   Salm 119:96

(4.) Bod awdurdod Duw ym mhob un gorchymyn, fel na ellir torri un heb dorri'r cwbl: "Y mae pwy bynnag a gadwodd holl ofynion y Gyfraith, ond a lithrodd ar un peth, yn euog o dorri'r cwbl."   Iago 2:10

(5.) Eu bod yn gorchymyn ein bod yn cyflawni pob dyletswydd gwrthwyneb i'r pechodau a gaiff eu gwahardd ynddynt, ac yn gwahardd pob pechod croes i'r dyletswyddau a orchmynnir ynddynt.

187. *Pa bethau'n fwyaf arbennig mae'r gyfraith yn eu dangos i ni?*

Gwelir yn y gyfraith, fel mewn drych:

(1.) Sancteiddrwydd, cyfiawnder a daioni anfeidrol Duw: "Y mae'r Gyfraith yn sanctaidd, a'r gorchymyn yn sanctaidd a chyfiawn a da." Rhuf. 7:12; 1 Tim. 1:8.

(2.) Llygriad llwyr ac euogrwydd person: "Trwyddynt hwy hefyd rhybuddir fi, ac o'u cadw y mae gwobr fawr. Pwy sy'n dirnad ei gamgymeriadau? Glanha fi oddi wrth fy meiau cudd. Cadw dy was oddi wrth bechodau beiddgar, rhag iddynt gael y llaw uchaf arnaf." Salm 19:11-13; Rhuf. 7:7.

(3.) Perffeithrwydd cyfiawnder Crist mewn ufudd-dod i'r ddeddf dros ei bobl: "Oherwydd Crist yw diwedd y Gyfraith, ac felly, i bob un sy'n credu y daw cyfiawnder Duw." Rhuf. 10:4 a 5:19.

(4.) Natur gwaith yr Ysbryd Glân ar galon pechadur, yn ei baratoi i ogoniant: "Dyma'r cyfamod a wnaf â thŷ Israel ar ôl y dyddiau hynny, medd yr Arglwydd: rhof fy nghyfreithiau yn eu meddwl, ac ysgrifennaf hwy ar eu calon. A byddaf yn Dduw iddynt, a hwythau'n bobl i mi." Heb. 8:10

> *Cyflawnwyd y gyfraith i gyd,*
> *Fe ddofwyd ei llid heb fy lladd;*
> *Cyfiawnder wrth hir ofyn iawn,*
> *Ei daliad yn gyflawn a ga'dd:*
> *Cyfiawnder a'r gyfraith sy'n awr*
> *Yn edrych i lawr yn ddi-lid;*
> *Mae'r priodoleddau mewn hedd,*
> *Yn gweiddi, "Trugaredd!" i gyd.*

PENNOD 11

AM SWM Y GYFRAITH

188. *Beth yw swm y gyfraith?*

Cariad; sef caru Duw â'n holl galon, a'n cymydog fel ni ein hunain: "Dywedodd Iesu wrtho, "'Câr yr Arglwydd dy Dduw â'th holl galon ac â'th holl enaid ac â'th holl feddwl." Dyma'r gorchymyn cyntaf a'r pwysicaf. Ac y mae'r ail yn debyg iddo: "Câr dy gymydog fel ti dy hun." Ar y ddau orchymyn hyn y mae'r holl Gyfraith a'r proffwydi yn dibynnu."' Math. 22:37-40

189. *Pam dylem ni garu Duw?*

(1.) Oblegid ei hawddgarwch anfeidrol ynddo'i hun: "Y sawl nad yw'n caru, nid yw'n adnabod Duw, oherwydd cariad yw Duw." 1 Ioan 4:8, 16

(2.) Oblegid ei gariad ef i ni: "Yr ydym ni'n caru, am iddo ef yn gyntaf ein caru ni." 1 Ioan 4:19; Ioan 15:9.

190. *Pwy yw'r rhai sy'n caru Duw?*

(1.) Y rhai sy'n gweld yn Nuw'r fath ogoniant a chyflawnder fel eu bod yn ei ddewis ef yn gyfran, etifeddiaeth ac Arglwydd iddynt am byth, yn ôl y gorchymyn cyntaf: "Na chymer dduwiau eraill ar wahân i mi." Exod. 20:3

(2.) Y rhai sy'n addoli Duw'n ddyfal, mewn ysbryd a gwirionedd, yn ôl meddwl Duw ei hun, ac nid yn ôl eu dychymyg eu hunain, yn ôl yr ail orchymyn: "Na wna iti ddelw gerfiedig." Exod. 20:4-6

(3.) Y rhai sydd, yn eu holl ymddygiad, yn anrhydeddu Duw, ei enw, ei ogoniant a'i achos yn eu calonnau, yn ôl y trydydd gorchymyn: "Na chymer enw'r ARGLWYDD dy Dduw yn ofer."   Exod. 20:7

(4.) Y rhai sydd yn gydwybodol neilltuo rhan o'u hamser, yn enwedig y Saboth, i addoli Duw yn gyhoeddus, ac i ddwyn ei achos ymlaen yn eu calonnau ac yn y byd, yn ôl y pedwerydd gorchymyn: "Cofia'r dydd Saboth, i'w gadw'n gysegredig."   Exod. 20:8

191. *Pam dylem ni garu ein cymydog fel ni ein hunain?*
(1.) Am fod gorchymyn Duw yn hawlio hynny: "Oherwydd y mae'r holl Gyfraith wedi ei mynegi'n gyflawn mewn un gair, sef yn y gorchymyn, 'Câr dy gymydog fel ti dy hun'."   Gal. 5:14; Lef. 19:18; Math. 22:39.

(2.) Am fod ein cymydog yn haeddu ei garu gymaint â ni'n hunain: "Pwy sy'n rhoi rhagoriaeth i ti? Beth sydd gennyt, nad wyt wedi ei dderbyn? Ac os ei dderbyn a wnaethost, pam yr wyt yn ymffrostio fel pe bait heb dderbyn?"   1 Cor. 4:7

192. *A ddylem ni garu pawb yr un fath?*
(1.) Dylem garu pawb â chariad o ewyllys da, hyd yn oed ein gelynion: "Ond rwyf fi'n dweud wrthych: carwch eich gelynion, a gweddïwch dros y rhai sy'n eich erlid."   Math. 5:44

(2.) Dylem ddangos anwyldeb arbennig i rai: "Gadewch inni wneud da i bawb, ac yn enwedig i'r rhai sydd o deulu'r ffydd."   Gal. 6:10; Salm 15:2, 3 a 16:4.

192. *A yw'r Ysbryd Glân yn adnewyddu calon pob person sy'n dduwiol i gariad at Dduw a'i gymydog?*

Ydy; mae'n tywallt cariad Duw yn eu calonnau – ac yn eu dysgu i garu ei gilydd.   Rhuf. 5: 5; 1 Thes. 4:9; Ioan 15:12, 17.

194. *Pwy yw'r rhai sy'n caru eu cymdogion fel nhw eu hunain?*

(1.) Y rhai sy'n caru, anrhydeddu, ac ufuddhau i'w rhieni; yn ymddwyn yn ostyngedig, gan barchu pawb o'u gwell, yn ôl y pumed gorchymyn:[581] "Anrhydedda dy dad a'th fam, er mwyn amlhau dy ddyddiau yn y wlad y mae'r ARGLWYDD yn ei rhoi iti."   Exod. 20: 12; Rhuf. 13:7.

(2.) Y rhai nad ydynt yn casáu person eu cymydog, nac yn ei niweidio ar air na gweithred, ond yn ceisio ei les a'i ddedwyddwch mewn corff ac enaid, yn ôl y chweched gorchymyn: "Na ladd. Bydd pob un sy'n ddig wrth ei frawd yn atebol i farn."   Math. 5:22

---

581 Mae'r pumed gorchymyn yn gosod allan, nid yn unig ein dyletswydd tuag at ein rhieni naturiol, sef ein tadau a'n mamau a'n cenhedlodd, ond y parch a'r anrhydedd mae Duw'n gofyn gennym tuag at bawb, yn ôl eu graddau, sydd mewn unrhyw ystyr yn uwch na ni, ac a gyfrifir yn yr ysgrythur megis rhieni i ni – ein rhieni gwladol, y brenin, a'i lywodraethwyr o dano; ein rhieni ysbrydol, sef gweinidogion gair Duw, a'n hathrawon; ein rhieni teuluol, sef bod i bennau pob teulu gael eu hanrhydeddu gan dylwyth y tŷ. Bod i bawb o'n gwell ag sydd uwch na ni mewn gras, doniau, dysg, neu oedran, ac i bawb arall hefyd o'n cydradd, neu sy'n is na ni, gael gennym y parch a'r anrhydedd a fydd yn ddyledus iddynt. Ac, yn sicr, mae rhieni hefyd yn dod dan rwymau y pumed gorchymyn; sef bod eu hymddygiad hwy yn addas i'w sefyllfa a'r gofal mawr sydd arnynt, fel y byddo'r parch a'r anrhydedd ag y mae Duw yn gorchymyn iddynt yn gyfiawn ac yn deilwng.

(3.) Y rhai nad ydynt yn halogi eu hun, nac yn foddion trwy air na gweithred i halogi diweirdeb eu cymydog, yn ôl y seithfed gorchymyn: "Na odineba. Pob un sy'n edrych mewn blys ar wraig eisoes wedi cyflawni godineb â hi yn ei galon." Math. 5:28

(4.) Y rhai nad ydynt yn niweidio eu cymydog, ond yn ceisio'i les yn ei feddiannau bydol, fel yr eiddynt eu hunain, yn ôl yr wythfed gorchymyn: "Na ladrata. Bydded gofal gan bob un ohonoch, nid am eich buddiannau eich hunain yn unig ond am fuddiannau pobl eraill hefyd." Phil. 2:4; 1 Cor. 13:5.

(5.) Y rhai sy'n tystiolaethu'r gwir wrth eu cymydog, ac am eu cymydog, yn ôl y nawfed gorchymyn: "Na ddwg gamdystiolaeth yn erbyn dy gymydog." Diar. 12:17 a 19:5.

(6.) Y rhai sy'n fodlon ar eu sefyllfa eu hunain, ac yn gwylio'u calonnau rhag chwennych dim yn bechadurus sy'n eiddo i eraill; ond yn dysgu i lafurio'n gywir, i geisio ennill eu bywoliaeth, ym mha bynnag alwedigaeth y rhyngo bodd i Dduw eu galw, yn ôl y degfed gorchymyn: "Na chwennych dŷ dy gymydog, na'i wraig, na'i was, na'i forwyn, na'i ych, na'i asyn, na dim sy'n eiddo i'th gymydog." Exod. 20:17

195. *A all Ysbryd Duw weithio ar enaid person mewn gwirionedd heb i gariad fod yna?*

Na all: "Os llefaraf â thafodau meidrolion ac angylion ... ac os wyf yn gwybod y dirgelion i gyd, a phob gwybodaeth ... a heb fod gennyf gariad, nid wyf ddim." 1 Cor. 13:1, 2; 1 Ioan 4:8.

196. *Sut dylem ni garu Duw?*
Â'n holl galon, â'n holl enaid, â'n holl feddwl, ac â'n holl nerth: "Câr yr Arglwydd dy Dduw â'th holl galon ac â'th holl enaid ac â'th holl nerth ac â'th holl feddwl." Luc 10:27; Deut. 6:5.

197. *A yw Duw'n haeddu i ni ei garu â'n holl galon?*
Ydy; mae'n "ddyrchafedig goruwch pob bendith a moliant." Neh. 9:5

198. *A yw'n bechod i ni beidio caru Duw â'n holl galon?*
Ydy, yn bechod mawr iawn: "Ond gwae chwi'r Phariseaid, oherwydd yr ydych yn talu degwm o fintys a rhyw a phob llysieuyn, ond yn diystyru cyfiawnder a chariad Duw." Luc 11:42

199. *Pryd dylem garu Duw?*
Bob amser, ac am byth: "Nid yw cariad yn darfod byth." 1 Cor. 13:8

200. *A all unrhyw un gadw'r gyfraith hon yn berffaith?*
Na all: "Gwyddom, yn wir, fod y Gyfraith yn perthyn i fyd yr Ysbryd. Ond perthyn i fyd y cnawd yr wyf fi, un sydd wedi ei werthu yn gaethwas i bechod." Rhuf. 7:14 a 8:7.

201. *Ydy'n hanallu ni i ufuddhau iddi'n bechod?*
Ydy: am mai ein gelyniaeth yn erbyn Duw a dyn *yw* ein

hanallu, ac mae hyn yn bechod mawr iawn: "Oherwydd y mae bod â'n bryd ar y cnawd yn elyniaeth tuag at Dduw; nid yw hynny, ac ni all fod, yn ddarostyngiad i Gyfraith Duw." Rhuf. 8:7 a 1:30; Titus 3:3.

202. *Oni ellir diddymu neu newid y gyfraith?*
Na ellir, mwy na ellir gwneud cyfiawnder yn anghyfiawnder, a sancteiddrwydd yn halogedigaeth: "Yn wir, rwy'n dweud wrthych, hyd nes i nef a daear ddarfod, ni dderfydd yr un llythyren na'r un manylyn lleiaf o'r Gyfraith nes i'r cwbl ddigwydd." Math. 5:17, 18; Luc 16:17.

203. *Sut cawn ein hachub o felltithion y gyfraith?*
Trwy ffydd yng Nghrist yn unig: "Prynodd Crist ryddid i ni oddi wrth felltith y Gyfraith." Gal. 3:13; Rhuf. 10:4.

204. *Sut cawn ni galonnau i garu Duw, a ninnau wrth naturiaeth yn elynion iddo?*
Mae'r Ysbryd Glân yn tywallt cariad Duw yng nghalonnau'r rhai sydd yn credu yng Nghrist: "A dyma obaith na chawn ein siomi ganddo, oherwydd y mae cariad Duw wedi ei dywallt yn ein calonnau trwy'r Ysbryd Glân y mae ef wedi ei roi i ni." Rhuf. 5:5

205. *Sut mae'r Ysbryd Glân yn tywallt cariad Duw yn ein calonnau?*
(1.) Trwy enwaedu'r galon, a darostwng yr elyniaeth

ynom: "Bydd yr ARGLWYDD dy Dduw yn enwaedu dy galon, a chalonnau dy ddisgynyddion, er mwyn iti garu yr ARGLWYDD dy Dduw â'th holl galon ac â'th holl enaid, fel y byddi fyw." Deut. 30:6

(2.) Trwy amlygu cariad Duw yng Nghrist i bechaduriaid: "Boed i chwi, sydd â chariad yn wreiddyn a sylfaen eich bywyd, gael eich galluogi i amgyffred ynghyd â'r holl saint beth yw lled a hyd ac uchder a dyfnder cariad Crist, a gwybod am y cariad hwnnw, er ei fod uwchlaw gwybodaeth. Felly dygir chwi i gyflawnder, hyd at holl gyflawnder Duw." Eff. 3:17-19

(3.) Trwy ennyn cariad ynom tuag at Dduw, yr hwn a'n carodd ni mor fawr: "[Mae] arogl dy bersawr yn hyfryd, a'th enw fel persawr wedi ei wasgaru; dyna pam y mae merched yn dy garu." Can. 1:3, 4; Ioan 8:10 a 8:42; 1 Ioan 4:7.

206. *Ym mha ffurf y rhoddwyd y Deg Gorchymyn?*

(1.) Mewn ffurf unigol, wrth bob person ar ei ben ei hun: a bydd yn rhaid i bob un roddi cyfrif i Dduw am bob trosedd: "Am hynny, bydd rhaid i bob un ohonom roi cyfrif amdanom ni'n hunain i Dduw." Rhuf. 14:12

(2.) Mewn ffordd negyddol, gan fwyaf, i wahardd pechodau, a dangos ein tueddiad cryf i bechod.

(3.) Wedi eu hysgrifennu ar ddwy lechen: ein dyletswydd i Dduw ar y llechen gyntaf, yn y pedwar gorchymyn cyntaf; a'n dyletswydd at ein cymydog ar yr ail lechen, yn y chwe gorchymyn olaf.

PENNOD 12

AM FODDION GRAS AC ORDINHADAU'R EFENGYL

207. *Yn erbyn pa elynion mae'n rhaid i bob gwir Gristion frwydro?*

Y byd, y cnawd, a'r diafol: "Nid â meidrolion [yn unig] yr ydym yn yr afael, ond â thywysogaethau ac awdurdodau, â llywodraethwyr tywyllwch y byd hwn, â phwerau ysbrydol drygionus yn y nefolion leoedd." Eff. 6:12; Gal. 5:24; Iago 4:7.

208. *Beth yw ystyr "y byd"?*

Popeth sydd yn y byd, cyn belled ag y maent yn ein pellhau oddi wrth Dduw, ac yn ein rhwystro yn ei waith: "Oherwydd y cwbl sydd yn y byd - trachwant y cnawd, a thrachwant y llygaid, a balchder mewn meddiannau - nid o'r Tad y mae, ond o'r byd."   1 Ioan 2:16; Iago 4:4.

209. *Beth yw ystyr "y cnawd"?*

Y natur bechadurus sydd, dan y cwymp, yn gweithredu ac yn llywodraethu ym mhawb: "Pan oeddem yn byw ym myd y cnawd, yr oedd y nwydau pechadurus, a ysgogir gan y Gyfraith, ar waith yn ein cyneddfau corfforol, yn peri i ni ddwyn ffrwyth i farwolaeth."   Rhuf. 7:5

210. *Beth yw ystyr "y diafol"?*

Ysbryd aflan syrthiedig sydd yn gwrthryfela yn erbyn Duw: "Cofiwch yr angylion hefyd, y rhai a wrthododd gadw o fewn terfynau eu llywodraeth ac a gefnodd ar eu trigfan eu hunain, iddo ef eu cadw hwy yn y tywyllwch mewn cadwynau tragwyddol, i aros barn y Dydd mawr." Jwdas 6

211. *Sut gallwn ni orchfygu'r gelynion hyn?*

(1.) Trwy ffydd yng Nghrist, a orchfygodd y byd, ysigo pen y sarff, a chollfarnu pechod yn y cnawd: "Codwch eich calon," medd Crist, "yr wyf fi wedi gorchfygu'r byd. – Yr hyn oedd y tu hwnt i allu'r Gyfraith, yn ei gwendid dan gyfyngiadau'r cnawd, y mae Duw wedi ei gyflawni. Wrth anfon ei Fab ei hun, mewn ffurf debyg i'n cnawd pechadurus ni, i ddelio â phechod, y mae wedi collfarnu pechod yn y cnawd. – A buan y bydd Duw yr heddwch yn malu Satan dan eich traed." Ioan 16:33; Rhuf 8:3 a 16:20.

(2.) Trwy osgoi pob achlysur o bechod: "Oherwydd, os ar wastad y cnawd yr ydych yn byw, yr ydych yn sicr o farw; ond os ydych, trwy'r Ysbryd, yn rhoi arferion drwg y corff i farwolaeth, byw fyddwch." Rhuf 8:13 a 6:13; 1 Thes 5:22.

(3.) Trwy fyw'n gymedrol a gwyliadwrus bob dydd: "Yr wyf yn cernodio fy nghorff, ac yn ei gaethiwo, rhag i mi, sydd wedi pregethu i eraill, fy nghael fy hun yn wrthodedig." 1 Cor 9:27; Luc 21:34-36.

(4.) Trwy ymarfer moddion gras yn ddyfal.

212. *Pa wahaniaeth sydd rhwng ymdrech gras yn erbyn pechod,*
a chyhuddiadau cydwybod wedi ei goleuo?
Nid yw cydwybod yn gwneud dim ond condemnio
pechod; ond y mae gwir ras yn ei farwhau: "Y mae pobl
Crist Iesu wedi croeshoelio'r cnawd ynghyd â'i nwydau
a'i chwantau." Gal. 5:24

213. *A yw pob un o blant Duw yn gorchfygu'r gelynion hyn?*
Ydynt: "Yn y pethau hyn i gyd y mae gennym
fuddugoliaeth lwyr trwy'r hwn a'n carodd ni." Rhuf.
8:37

214. *Beth yw'r ordinhadau a'r moddion gras a roddodd Crist i ni*
eu hymarfer?
(1.) Gwrando ar air Duw a chwilio'r ysgrythurau: "Yr
ydych yn chwilio'r Ysgrythurau oherwydd tybio yr
ydych fod ichwi fywyd tragwyddol ynddynt hwy. Ond
tystiolaethu amdanaf fi y mae'r rhain. - Gwrandewch
arnaf, dewch ataf; clywch, a byddwch fyw." Ioan 5:39;
Es. 55:3.
(2.) Gweddïo'n ddyfal: "Felly, gadewch inni nesáu
mewn hyder at orsedd gras, er mwyn derbyn trugaredd
a chael gras yn gymorth yn ei bryd. – Ymrowch i weddi
ac ymbil, gan weddïo bob amser yn yr Ysbryd." Heb.
4:16; Eff. 6:18.
(3.) Cyfranogi o'r sacramentau'n barchus a ffyddiog.

215. *Sut ydym i weddïo?*

(1.) Yn yr Ysbryd: "Ond rhaid i chwi, gyfeillion annwyl, eich adeiladu eich hunain ar sylfaen eich ffydd holl-sanctaidd, a gweddïo yn yr Ysbryd Glân."   Jwdas 20; Eff. 6:18.

(2.) Mewn ffydd: "Ond gofynned mewn ffydd, heb amau, gan fod y sawl sy'n amau yn debyg i don y môr, sy'n cael ei chwythu a'i chwalu gan y gwynt."   Iago 1:6

(3.) Yn ddyfal: "Ond yr oedd yr eglwys yn gweddïo'n daer ar Dduw ar ei ran. – Gweddïwch yn ddi-baid."   Act. 12:5; 1 Thes. 5:17; Luc 18:1.

216. *Yn enw pwy yr ydym i weddïo?*

Yn enw Iesu Grist: "Yn wir, yn wir, rwy'n dweud wrthych, beth bynnag a ofynnwch gan y Tad yn fy enw i, bydd ef yn ei roi ichwi."   Ioan 16:23 a 14:18.

217. *A yw'r Ysbryd yn ein cynorthwyo ni i weddïo?*

Ydy: "Yn yr un modd, y mae'r Ysbryd yn ein cynorthwyo yn ein gwendid. Oherwydd ni wyddom ni sut y dylem weddïo, ond y mae'r Ysbryd ei hun yn ymbil trosom ag ocheneidiau y tu hwnt i eiriau."   Rhuf. 8:26

218. *Pa sicrwydd sydd gennym y bydd Duw'n gwrando ar ein gweddïau?*

Mae addewid Duw yn sicrhau hynny: "Gofynnwch, ac fe roddir i chwi; ceisiwch, ac fe gewch; curwch, ac fe agorir i chwi."   Math. 1:7

219. *Am beth dylem ni weddïo?*

Am bopeth sy'n ymwneud â bywyd a duwioldeb ac sydd wedi eu haddo gan Dduw yn ei air: "Oherwydd haul a tharian yw'r ARGLWYDD Dduw; rhydd ras ac anrhydedd. Nid atal yr ARGLWYDD unrhyw ddaioni oddi wrth y rhai sy'n rhodio'n gywir."   Salm 84:11; 2 Pedr 1:3; 1 Ioan 5:14.

220. *Dros bwy dylem ni weddïo?*

Dros bawb, yn enwedig dros yr holl saint: "Yn y lle cyntaf, felly, yr wyf yn annog bod ymbiliau, gweddïau, deisyfiadau a diolchiadau yn cael eu hoffrymu dros bawb, dros frenhinoedd a phawb sydd mewn awdurdod, inni gael byw ein bywyd yn dawel a heddychlon, yn llawn duwioldeb a gwedduster."   1 Tim. 2:1, 2; Eff. 6:18.

221. *Beth yw Gair Duw?*

Ysgrythurau Sanctaidd yr Hen Destament a'r Newydd: "Y mae pob Ysgrythur wedi ei hysbrydoli gan Dduw ac yn fuddiol i hyfforddi, a cheryddu, a chywiro, a disgyblu mewn cyfiawnder." 2 Tim. 3:16

222. *Beth yw ystyr fod yr holl ysgrythur yn sanctaidd?*

(1.) Duw sanctaidd yw awdur yr holl ysgrythur: "Ni ddaeth yr un broffwydoliaeth erioed trwy ewyllys ddynol; pobl oeddent a lefarodd air oddi wrth Dduw wrth gael eu hysgogi gan yr Ysbryd Glân." 2 Pedr 1:21

(2.) Mae'r holl ysgrythur yn sanctaidd yn ei natur - mae'r gorchmynion, yr athrawiaethau, a'r addewidion i gyd yn sanctaidd: "Y mae deddfau'r ARGLWYDD yn gywir, yn llawenhau'r galon; y mae gorchymyn yr ARGLWYDD yn bur, yn goleuo'r llygaid; y mae ofn yr ARGLWYDD yn lân, yn para am byth; y mae barnau'r ARGLWYDD yn wir, yn gyfiawn bob un." Salm 19:8, 9

(3.) Trwy'r gair mae'r Arglwydd yn sancteiddio pechaduriaid aflan: "Cysegra hwy yn y gwirionedd. Dy air di yw'r gwirionedd." Ioan 17:17

223. *Pam dylem wrando ar y gair?*

(1.) Am mai gair Duw yw; ac ni all neb barchu Duw heb barchu ei air: "Yr ydym ni'n diolch i Dduw yn ddi-baid *ar gyfrif hyn* hefyd: eich bod chwi, wrth dderbyn gair Duw fel y clywsoch ef gennym ni, wedi ei groesawu, nid fel gair dynol ond fel yr hyn ydyw mewn gwirionedd, sef gair Duw, sydd hefyd ar waith ynoch chwi sy'n gredinwyr." 1 Thes. 2:13

(2.) Am mai "o'r hyn a glywir y daw ffydd, a daw'r clywed trwy air Crist". Rhuf. 10:17

(3.) Am mai trefniad dwyfol yw pregethu'r gair: "Ewch i'r holl fyd a phregethwch yr Efengyl i'r greadigaeth i gyd." Marc 16:15; Math. 28.19.

(4.) Am fod y gair yn ein haddysgu yn y pethau sy'n perthyn i'n hiachawdwriaeth: "Ac fe ysgrifennwyd yr Ysgrythurau gynt er mwyn ein dysgu ni, er mwyn i ni, trwy ddyfalbarhad a thrwy eu hanogaeth hwy, ddal ein gafael yn ein gobaith." Rhuf. 15: 4; Ioan 5:36; 2 Tim. 3:15.

PENNOD 13

AM Y SACRAMENTAU

224. *Pa sacramentau a ordeiniodd Crist yn ei eglwys?*
Bedydd a Swper yr Arglwydd.   Math. 28:19; Luc 22:19, 20.

225. *Pam ordeiniodd Crist sacramentau yn ei eglwys?*
(1.) I fod yn arwyddion o bethau ysbrydol, i'w gwneud yn eglurach i ni: "Ac wedyn derbyniodd arwydd yr enwaediad, yn sêl o'r cyfiawnder oedd eisoes yn eiddo iddo trwy ffydd."   Rhuf. 4:11

(2.) I gofio'r pethau hyn yn eglwys Crist yn wastadol.   1 Cor. 11:24

(3.) I sicrhau a chadarnhau ein ffydd, fel seliau o gyfamod Duw.

226. *Sawl rhan sydd mewn sacrament?*
Dwy; sef yr arwydd gweladwy allanol, a'r gras ysbrydol mewnol.

227. *Beth yw'r arwydd allanol, neu'r ffurf, yn y Bedydd?*
Dŵr, a ddefnyddir i fedyddio un "yn enw'r Tad a'r Mab a'r Ysbryd Glân."   Math. 28:19

228. *Beth yw'r gras ysbrydol mewnol?*
Marwolaeth i bechod, a genedigaeth newydd i gyfiawnder: "Trwy'r bedydd hwn i farwolaeth [pechod] fe'n claddwyd gydag ef, fel, megis y cyfodwyd Crist

oddi wrth y meirw mewn amlygiad o ogoniant y Tad, y byddai i ninnau gael byw ar wastad bywyd newydd." Rhuf. 6:4

229. *Beth mae ein bedyddio yn enw'r Tad a'r Mab a'r Ysbryd Glân yn arwyddocáu?*

(1.) Ein dyled i gredu yn, ac addoli Personau'r Drindod yn undod y Duwdod; oherwydd bedyddir ni i bob un ohonynt fel ei gilydd.   Math. 28:19

(2.) Ein proffes a'n hymorffwysiad ar drefn a gwaith y Personau Dwyfol yn unig am iachawdwriaeth: "Gras ein Harglwydd Iesu Grist, a chariad Duw, a chymdeithas yr Ysbryd Glân fyddo gyda chwi oll."   2 Cor. 13:13

(3.) Ein cyflwyniad trwy gyfamod i'r Tad a'r Mab a'r Ysbryd Glân i fod yn eiddo Duw am byth: "Y mae ein Duw ni hyd byth bythoedd, fe'n harwain yn dragywydd." Salm 48:14; Jer. 50:5.

230. *Oes rhaid bedyddio mwy nag unwaith?*
Nac oes: "Un Arglwydd, un ffydd, un bedydd, un Duw a Thad i bawb, yr hwn sydd goruwch pawb, a thrwy bawb, ac ym mhawb."   Eff. 4:5, 6

231. *Pam bedyddir plant bach?*
(1.) Am fod Duw mor fodlon ac ewyllysgar i'w hachub nhw a rhai sydd mewn oed: "Gadewch i'r plant ddod ataf fi; peidiwch â'u rhwystro, oherwydd i rai fel hwy y mae teyrnas Dduw yn perthyn."   Marc 10:14; Math. 18:14.

(2.) Yr oedd plant yn yr eglwys o'r cyfnod cynharaf dan bob goruchwyliaeth, ac nid oes un awgrym yn y Beibl iddynt gael eu torri allan dan oruchwyliaeth yr efengyl – sy'n helaethach ei breintiau.

(3.) Maent yn wrthrychau addas o ras ac iachawdwriaeth dragwyddol.

PENNOD 14
AM SWPER YR ARGLWYDD

232. *Pam ordeiniwyd sacrament Swper yr Arglwydd?*
Er mwyn cofio am aberth a dioddefaint Crist, a derbyn y lles sydd yno: "Ac wedi iddo ddiolch, fe'i torrodd, a dweud, 'Hwn yw fy nghorff, sydd er eich mwyn chwi. Gwnewch hyn er cof amdanaf.'" 1 Cor. 11:24

233. *Beth yw'r arwydd gweladwy yn Swper yr Arglwydd?*
Bara a gwin: "Ac wrth iddynt fwyta, cymerodd Iesu fara, ac wedi bendithio fe'i torrodd a'i roi i'r disgyblion, a dywedodd, 'Cymerwch, bwytewch; hwn yw fy nghorff.' A chymerodd gwpan, ac wedi diolch fe'i rhoddodd iddynt gan ddweud, 'Yfwch ohono, bawb, oherwydd hwn yw fy ngwaed i, gwaed y cyfamod, a dywelltir dros lawer er maddeuant pechodau.'" Math. 26:26-28

234. *Beth sy'n cael ei arwyddocáu?*
Corff a gwaed Crist: "Cwpan y fendith yr ydym yn ei fendithio, onid cyfranogiad o waed Crist ydyw? A'r bara yr ydym yn ei dorri, onid cyfranogiad o gorff Crist ydyw?" 1 Cor. 10:16

235. *Pa les sydd i'w gael trwy ffydd yn yr ordinhad hon?*
Cryfhau a chysuro'n heneidiau trwy gorff a gwaed Crist, fel caiff ein cyrff eu cryfhau a'u cysuro trwy'r bara a'r gwin: "Oherwydd fy nghnawd i," medd Crist, "yw'r gwir fwyd, a'm gwaed i yw'r wir ddiod. Y mae'r sawl sy'n bwyta fy nghnawd i ac yn yfed fy ngwaed i yn aros ynof fi, a minnau ynddo yntau." Ioan 6: 55, 56

236. *Beth mae torri'r bara yn ei arwyddocáu?*
Dryllio corff Crist: "Ond archollwyd ef am ein troseddau ni, a'i ddryllio am ein camweddau ni; roedd pris ein heddwch ni arno ef, a thrwy ei gleisiau ef y cawsom ni iachâd." Es. 53:5

237. *Beth mae tywalltiad y gwin yn ei arwyddocáu?*
Tywalltiad gwaed Crist dros ein pechodau ni, a'r iawn a wnaeth trwy hynny: "Hwn yw fy ngwaed i, gwaed y cyfamod, a dywelltir dros lawer er maddeuant pechodau." Math. 20:28

238. *Beth mae rhoi'r elfennau i'r cymunwyr yn ei arwyddo?*
Bod Duw'r Tad yn rhoi Crist, a Christ yn rhoi ei hun, i bawb a gredant ynddo: "Y sawl y mae'r Mab ganddo, y mae'r bywyd ganddo; y sawl nad yw Mab Duw ganddo, nid yw'r bywyd ganddo." 1 Ioan 5:12

239. *Pam dylem ddod i Swper yr Arglwydd?*
(1.) O ufudd-dod i orchymyn Crist, a ddywedodd, "Gwnewch hyn er cof amdanaf." 1 Cor. 11:24

(2.) I gyffesu Crist a'i groes, a dangos ei farwolaeth fel yr unig iawn am bechod, a'n hunig obaith am iachawdwriaeth: "Oherwydd bob tro y byddwch yn bwyta'r bara hwn ac yn yfed y cwpan hwn, yr ydych yn cyhoeddi marwolaeth yr Arglwydd, hyd nes y daw." 1 Cor. 11:26

(3.) I ymborthi trwy ffydd ar Grist, a dangos ein cariad tuag ato, a'n diolchgarwch iddo: "Sut y gallaf dalu i'r ARGLWYDD am ei holl haelioni tuag ataf? Dyrchafaf gwpan iachawdwriaeth, a galw ar enw'r ARGLWYDD." Salm 116:12, 13

(4.) I gael cymdeithas gyda Duw yn aberth ei Fab yn yr ordinhad: "Ac yn wir, y mae ein cymundeb ni gyda'r Tad a chyda'i Fab ef, Iesu Grist." 1 Ioan 1:3

240. *Beth ddylai'r rhai sy'n dod i Swper yr Arglwydd wneud?* Holi eu hunain:

(1.) A ydynt yn wir edifeiriol am y pechodau a wnaethant: "'Yn awr', medd yr ARGLWYDD, 'dychwelwch ataf â'ch holl galon, ag ympryd, wylofain a galar. Rhwygwch eich calon, nid eich dillad, a dychwelwch at yr ARGLWYDD eich Duw.' Graslon a thrugarog yw ef, araf i ddigio, a mawr ei ffyddlondeb, ac yn edifar ganddo wneud niwed." Joel 2:12, 13; 1 Cor. 11:28; Act. 3:19.

(2.) A ydynt yn llawn bwriadu dilyn buchedd newydd: "Fel yr ildiasoch eich cyneddfau corfforol gynt i fod yn gaethion i aflendid ac anghyfraith, a phenrhyddid yn dilyn, felly ildiwch hwy yn awr i fod yn gaethion i gyfiawnder, a bywyd sanctaidd yn dilyn." Rhuf. 6:19

(3). A ydynt yn gweld gwerth yn aberth Crist, a'u hangen hwythau ohono: "Y mae ei glod, gan hynny, yn eiddoch chwi, y credinwyr." 1 Pedr 2:7

(4.) A ydynt yn ymorffwys arno ef yn unig am iachawdwriaeth: "Yn wir, yn Nuw yr ymdawela fy enaid; oddi wrtho ef y daw fy ngwaredigaeth." Salm 62:1; Phil. 3:8, 9; Act. 16:30, 31.

(5.) A ydynt yn dod gan gofio'n ddiolchgar am ei farwolaeth: "I'r hwn sydd yn ein caru ni ac a'n rhyddhaodd ni oddi wrth ein pechodau â'i waed, ac a'n gwnaeth yn urdd frenhinol, yn offeiriaid i Dduw ei Dad, iddo ef y bo'r gogoniant a'r gallu byth bythoedd! Amen." Dat. 1:5, 6; Ioan 15:18; 1 Ioan. 4:19.

(6.) A ydynt yn ceisio gwir gariad at bawb: "Carwch eich gelynion, a gweddïwch dros y rhai sy'n eich erlid; felly fe fyddwch yn blant i'ch Tad sydd yn y nefoedd." Math. 5:23, 24, 43, 44; 1 Pedr 1:22.

241. *Pwy yw'r rhai sy'n dod i Swper yr Arglwydd yn annheilwng?*
(1.) Y rhai sydd heb geisio cael gwybodaeth ysbrydol i allu dirnad corff yr Arglwydd: "Oherwydd y mae'r sawl sydd yn bwyta ac yn yfed, os nad yw'n dirnad y corff, yn bwyta ac yn yfed barn arno'i hun." 1 Cor. 10:29

(2.) Y rhai sy'n pwyso ar gyflawnu'r ordinhad yn allanol yn unig, heb geisio cymdeithas â Duw a maeth ysbrydol i'w heneidiau trwy'r ordinhad: "Wrth gwrs, y mae i ymarfer y corff beth gwerth, ond i ymarfer duwioldeb y mae pob gwerth, gan fod ynddo addewid o fywyd yn y byd hwn a'r byd a ddaw." 1 Tim. 4:8; Ioan 4:23, 24.

(3.) Y rhai sy'n byw mewn digofaint heb heddychu, ac yn gwneud camwedd heb ei unioni: "Felly os wyt yn cyflwyno dy offrwm wrth yr allor, ac yno'n cofio bod gan dy frawd rywbeth yn dy erbyn, gad dy offrwm yno o flaen yr allor, a dos ymaith; myn gymod yn gyntaf â'th frawd, ac yna tyrd a chyflwyno dy offrwm." Math. 5:23, 24

(4.) Y rhai sy'n parhau'n gyndyn mewn pechodau sy'n wybyddus iddynt, er iddynt gymryd arnynt gyfamodi â Duw yn eu herbyn: "Llefaru geiriau y maent, a gwneud cyfamod â llwon ffals." Hos. 10:4

(5.) Pawb sy'n gorffwys ar unrhyw beth heblaw Crist yn unig am iachawdwriaeth: "Chwi sy'n ceisio cyfiawnhad trwy gyfraith, y mae eich perthynas â Christ wedi ei thorri; yr ydych wedi syrthio oddi wrth ras." Gal. 6:4

PENNOD 15

AM ATGYFODIAD A DYRCHAFIAD CRIST

242. *A gafodd Crist ei ddyrchafu ar ôl ei ddarostyngiad?*
Do: "Yr un a ddisgynnodd yw'r un a esgynnodd hefyd ymhell uwchlaw'r nefoedd i gyd, i lenwi'r holl greadigaeth." Eff. 4:10

243. *Beth mae dyrchafiad Crist yn ei gynnwys?*
(1.) Ei atgyfodiad: "Ond y gwir yw fod Crist wedi ei gyfodi oddi wrth y meirw, yn flaenffrwyth y rhai sydd wedi huno." 1 Cor. 15:20; Act. 2:24, 32.

(2.) Ei esgyniad i'r nef: "Am hynny tra-dyrchafodd Duw ef, a rhoi iddo'r enw sydd goruwch pob enw." Phil. 2:9; Heb. 2:9; Rhuf. 8:21.

(3.) Ei eisteddiad ar ddeheulaw Duw: "Ar ôl iddo gyflawni puredigaeth pechodau, eisteddodd ar ddeheulaw'r Mawrhydi yn yr uchelder." Heb. 1:3; Salm 110:1; Eff. 1:21.

(4.) Ei ddyfodiad i farnu'r byd: "Oblegid gosododd ddiwrnod pryd y bydd yn barnu'r byd mewn cyfiawnder, trwy ŵr a benododd." Act. 17:31; Luc 9:26; Rhuf. 2:16.

244. *Pam atgyfododd Crist?*

(1.) I ddangos bod cyfiawnder wedi ei fodloni ganddo ar ran ei bobl: "Cafodd ef ei ddraddodi i farwolaeth am ein camweddau, a'i gyfodi i'n cyfiawnhau ni." Rhuf. 4:25; 1 Cor. 15:17.

(2.) I ddangos bod ei holl elynion wedi eu gorchfygu: "A waredaf hwy o Sheol? A achubaf hwy rhag angau? O angau, ble mae dy blâu? O Sheol, ble mae dy ddinistr? Cuddiwyd trugaredd oddi wrth fy llygaid." Hos. 13:14; 1 Cor. 15:25-28.

(3.) I dderbyn ei wobr gyfiawn: "Dangosi i mi lwybr bywyd; yn dy bresenoldeb di y mae digonedd o lawenydd, ac yn dy ddeheulaw fwyniant bythol." Salm 16:11; Es. 53:11.

245. *Pryd atgyfododd Grist?*

Ar ddydd cyntaf yr wythnos, a'r trydydd dydd ar ôl ei farwolaeth: "Oherwydd, yn y lle cyntaf, traddodais i chwi yr hyn a dderbyniais: i Grist farw dros ein pechodau ni, yn ôl yr Ysgrythurau; iddo gael ei gladdu, a'i gyfodi y trydydd dydd." 1 Cor. 15:3, 4; Math. 28:1-6.

246. *Pryd esgynnodd Crist i'r nef?*
Deugain niwrnod ar ôl ei atgyfodiad: "Dangosodd ei hun hefyd iddynt yn fyw, wedi ei ddioddefaint, drwy lawer o arwyddion sicr, gan fod yn weledig iddynt yn ystod deugain diwrnod a llefaru am deyrnas Dduw." Act. 1:3

247. *Pwy oedd gyda Christ yn ei esgyniad?*
Miloedd o angylion, gyda llawen floedd: "Esgynnodd Duw gyda bloedd, yr ARGLWYDD gyda sain utgorn." Salm 47:5

248. *Pam esgynnodd Crist i'r nef?*
(1.) I ymddangos gerbron Duw dros ei bobl: "Oherwydd nid i gysegr o waith llaw, rhyw lun o'r cysegr gwirioneddol, yr aeth Crist i mewn, ond i'r nef ei hun, i ymddangos yn awr gerbron Duw drosom ni." Heb. 9:24

(2.) I eiriol drostynt: "Dyna pam y mae ef hefyd yn gallu achub hyd yr eithaf y rhai sy'n agosáu at Dduw trwyddo ef, gan ei fod yn fyw bob amser i eiriol drostynt." Heb. 7:25; Rhuf. 8:34.

(3.) I anfon yr Ysbryd Glân atynt: "Yr wyf fi'n dweud y gwir wrthych: y mae'n fuddiol i chwi fy mod i'n mynd ymaith. Oherwydd os nad af, ni ddaw'r Eiriolwr atoch chwi. Ond os af, fe'i hanfonaf ef atoch." Ioan 16:7

(4.) I barotoi trigfannau iddynt: "Yn nhŷ fy Nhad y mae

llawer o drigfannau; pe na byddai felly, a fyddwn i wedi dweud wrthych fy mod yn mynd i baratoi lle i chwi?" Ioan 14:2; Dat. 21:2.

(5.) I dderbyn gogoniant iddo'i hun: "Yn awr, O Dad, gogonedda di fyfi ger dy fron dy hun â'r gogoniant oedd i mi ger dy fron cyn bod y byd." Ioan 17:5

249. *Beth mae Crist yn gwneud nawr yn ei ddyrchafiad gogoneddus yn y nef?*
Mae'n eistedd ar ddeheulaw Duw: "Dywedodd yr ARGLWYDD wrth fy Arglwydd: 'Eistedd ar fy neheulaw, nes imi wneud dy elynion yn droedfainc i ti.'" Salm 110:1

250. *Beth mae eisteddiad Crist ar ddeheulaw Duw'n ei ddangos?*
(1.) Ei fod wedi gorffwys o'i waith: "Oherwydd mae pwy bynnag a ddaeth i mewn i'w orffwysfa ef yn gorffwys oddi wrth ei waith, fel y gorffwysodd Duw oddi wrth ei waith yntau." Heb. 4:10

(2.) Uchder ei ddyrchafiad: "Wrth bwy o'r angylion y dywedodd ef erioed: 'Eistedd ar fy neheulaw nes imi osod dy elynion yn droedfainc i'th draed'?" Heb. 1:13

(3.) Bod ei ogoniant i barhau'n sefydlog: "Ond am hwn, wedi iddo offrymu un aberth dros bechodau am byth, eisteddodd ar ddeheulaw Duw." Heb. 10:12-14 a 6:20.

(4.) Bod ei deyrnas yn ddi-sigl fel efe ei hunan: "Felly, gan ein bod yn derbyn teyrnas ddi-sigl, gadewch inni fod yn ddiolchgar, a thrwy hynny wasanaethu Duw wrth ei fodd, â pharch ac ofn duwiol." Heb. 12:28

251. *Pryd bydd Crist yn ymddangos fwyaf gogoneddus?*

Pan ddaw i farnu'r byd yn y dydd olaf, pan "fydd Mab y Dyn yn eistedd ar ei orsedd ogoneddus." Math. 19:28; 2 Thes. 1:10.

252. *Pa sicrwydd sydd gennym y bydd barn gyffredinol?*
Mae Gair Duw ei hun yn tystiolaethu hynny: "Gosodwyd i ddynion eu bod i farw un waith, a bod barn yn dilyn hynny." Heb. 9:27; Preg. 11:9 a 12:14.

PENNOD 16
AM YR ATGYFODIADAU

253. *A fydd cyrff y meirw yn cael eu hatgyfodi ar ddydd y farn?*
Byddant.

254. *Pa sicrwydd sydd gennym o hynny?*

(1.) Mae gair Duw yn tystiolaethu hynny: "Y mae amser yn dod pan fydd pawb sydd yn eu beddau yn clywed ei lais ef ac yn dod allan; bydd y rhai a wnaeth ddaioni yn codi i fywyd, a'r rhai a wnaeth ddrygioni yn codi i gael eu barnu." Ioan 5:28, 29

(2.) Mae atgyfodiad Crist ei hun yn sicrhau hynny: "Oherwydd os nad yw'r meirw'n cael eu cyfodi, nid yw Crist wedi ei gyfodi chwaith." 1 Cor. 15:16

(3.) Am fod cyrff y saint yn ogystal â'u heneidiau yng nghyfamod Duw, wedi eu prynu a'u huno â Christ, ac yn demlau i'r Ysbryd Glân: "Ond ynglŷn ag atgyfodiad y meirw, onid ydych wedi darllen y gair a lefarwyd wrthych gan Dduw, 'Myfi, Duw Abraham a Duw Isaac a Duw Jacob ydwyf'? Nid Duw'r meirw yw ef, ond y rhai byw. - Oni wyddoch mai aelodau Crist yw eich cyrff chwi? - Oni wyddoch fod eich corff yn deml i'r Ysbryd Glân sydd ynoch?" Math. 22:31, 32; 1 Cor. 6:15, 19; Ioan 14:3.

255. *Ym mha gyrff y cyfodir y meirw?*

Yn y cyrff oedd ganddynt yma yn y byd: "Er ar ôl fy nghroen i bryfed ddifetha y corff hwn, eto [medd Job] caf weled Duw yn *fy nghnawd.*" Job 19:26, 27 (BWM); 1 Cor. 15:38.

256. *Sut bydd y cyfiawn yn rhagori yn y farn ?*

(1.) Bydd y cyfiawn yn codi'n gyntaf yn yr atgyfodiad: "Bydd y meirw yng Nghrist yn atgyfodi yn gyntaf." 1 Thes. 4:16

(2.) Caiff y cyfiawn eu gosod ar ddeheulaw Crist, ond yr anghyfiawn ar y llaw chwith: "Ac fe esyd y defaid ar ei law dde a'r geifr ar y chwith." Math. 25:33

(3.) Bydd y saint yn barnu'r byd annuwiol. 1 Cor. 6:2, 3; Dan. 7:22.

257. *Sut bydd y saint yn barnu'r byd?*

(1.) Bydd y gwirioneddau credodd y saint yn barnu'r annuwiolion am iddynt beidio â'u credu: "Bydd y gair hwnnw a leferais i [medd Crist] yn ei farnu yn y dydd olaf." Ioan 12:47, 48

(2.) Bydd eu bywydau sanctaidd yn barnu bywydau

ansanctaidd annuwiolion: "Bydd pobl Ninefe yn codi yn y Farn gyda'r genhedlaeth hon ac yn ei chondemnio hi; oherwydd edifarhasant hwy dan genadwri Jona, ac yr ydych chwi'n gweld yma beth mwy na Jona. Bydd Brenhines y De yn codi yn y Farn gyda'r genhedlaeth hon ac yn ei chondemnio; oherwydd daeth hi o eithafoedd y ddaear i glywed doethineb Solomon, ac yr ydych chwi'n gweld yma beth mwy na Solomon." Math. 12:41, 42; Luc 11:32.

(3.) Byddant yn cyfiawnhau farnau uniawn a chywir yr Arglwydd: "Fel y'th geir yn gywir yn dy eiriau, a gorchfygu wrth gael dy farnu." Rhuf. 3:4

(4.) Byddant yn gorfoleddu a llawenhau oherwydd ei farnau ef: "Ar ôl hyn clywais sŵn fel llais uchel tyrfa fawr yn y nef yn dweud: 'Halelwia! Eiddo ein Duw ni y waredigaeth a'r gogoniant a'r gallu, oherwydd gwir a chyfiawn yw ei farnedigaethau ef'... A dywedasant eilwaith: 'Halelwia!'" Dat. 19:1, 2 a 15:3, 4.

258. *Pa fath o gyrff fydd gan y saint yn yr atgyfodiad?*

(1.) Cyrff disglair a gogoneddus: "Bydd ef yn gweddnewid ein corff iselwael ni ac yn ei wneud yn unffurf â'i gorff gogoneddus ef, trwy'r nerth sydd yn ei alluogi i ddwyn pob peth dan ei awdurdod." Phil. 3:21

(2.) Cyrff cwbl berffaith ac anllygredig: "Heuir mewn llygredigaeth, cyfodir mewn anllygredigaeth." 1 Cor. 15:42

(3.) Cyrff cryf, i gyd-fynd â'u heneidiau i beidio blino byth: "Heuir mewn gwendid, cyfodir mewn nerth." 1

Cor. 15:43

(4.) Cyrff ysbrydol a bywiol: "Yn gorff anianol yr heuir ef, yn gorff ysbrydol y cyfodir ef." 1 Cor. 15:43

259. *A fydd Crist yn arddel ei bobl yn y farn?*

(1.) Bydd, yn gyhoeddus iawn, fel ei frodyr, ei blant, a'i briod: "Rwy'n dweud wrthych [medd Crist], pwy bynnag a'm harddel i gerbron eraill, bydd Mab y Dyn hefyd yn eu harddel hwy gerbron angylion Duw. – Byddaf finnau hefyd yn eu harddel hwy gerbron fy Nhad, yr hwn sydd yn y nefoedd." Luc 12:8; Math. 10:32.

(2.) Bydd yn eu rhyddhau hwynt yn dragywydd oddi wrth eu holl bechodau a'u holl ddirmyg, ac yn sychu eu dagrau: "Fe sych bob deigryn o'u llygaid hwy, ac ni bydd marwolaeth mwyach, na galar na llefain na phoen." Dat. 21:4 a 7:17.

260. *A fydd dedwyddwch y cyfiawn yn fawr?*

Bydd: "Â'r ... rhai cyfiawn i fywyd tragwyddol." Math. 25:46; Dat. 14:13.

261. *Beth fydd dedwyddwch y saint yn y nefoedd yn ei gynnwys?*

(1.) Bod yn debyg i'r Arglwydd Iesu yn eu cyrff a'u heneidiau: "Gyfeillion annwyl, yn awr yr ydym yn blant Duw, ac nid amlygwyd eto beth a fyddwn. Yr ydym yn gwybod, pan fydd ef yn ymddangos, y byddwn yn debyg iddo, oherwydd cawn ei weld ef fel y mae." 1 Ioan 3:2

(2.) Cael golwg ddisglair a pharhaus ar ogoniant Duw: "Gwyn eu byd y rhai pur eu calon, oherwydd cânt hwy weld Duw." Math. 5:8

(3.) Mwynhau llawenydd a thangnefedd am byth: "Meddai ei feistr wrtho, 'Ardderchog, fy ngwas da a ffyddlon; buost yn ffyddlon wrth ofalu am ychydig, fe osodaf lawer yn dy ofal; tyrd i ymuno yn llawenydd dy feistr.'" Math. 25:23; Dat. 3:11.

(4.) Hyfrydwch diddiwedd yn gwasanaethu a moliannu Duw a'r Oen: "Ni bydd dim mwyach dan felltith. Yn y ddinas bydd gorsedd Duw a'r Oen, a'i weision yn ei wasanaethu; cânt weld ei wyneb, a bydd ei enw ar eu talcennau. Ni bydd nos mwyach, ac ni bydd arnynt angen na golau lamp na golau haul, oherwydd bydd yr Arglwydd Dduw yn eu goleuo, a byddant hwy'n teyrnasu byth bythoedd." Dat. 22:3-5

262. *Pa fath o gyrff fydd gan yr annuwiolion yn y farn?*
Bydd eu cyrff, fel eu heneidiau, yn aflan, yn warthus, a dirmygedig: "Bydd llawer o'r rhai sy'n cysgu yn llwch y ddaear yn deffro, rhai i fywyd tragwyddol, a rhai i waradwydd a dirmyg tragwyddol." Dan. 12:2

263. *Beth fydd trueni'r annuwiolion yn cynnwys?*
(1.) Bydd cywilydd gan y Barnwr hwynt, ac fe gânt eu diarddel yn y farn: "Pwy bynnag fydd â chywilydd ohonof fi ac o'm geiriau yn y genhedlaeth annuwiol a phechadurus hon, bydd ar Fab y Dyn hefyd gywilydd ohonynt hwy, pan ddaw yng ngogoniant ei Dad gyda'r angylion sanctaidd." Marc 8:38; Math. 10:33; Luc 12:8.

(2.) Ni fydd unrhyw gysur iddynt o gwbl am byth: "Gwae

chwi sydd yn awr yn chwerthin, oherwydd cewch ofid a dagrau." Luc 6:25

(3.) Bydd euogrwydd a digofaint Daw yn eu cydwybodau, fel pryf heb farw byth, a thân heb ddiffodd. Marc 9:44, 46, 48

(4.) Y felltith byddant yn dioddef, a'r poenau didrugaredd diddiwedd: "Dyma'r rhai fydd yn dioddef dinistr tragwyddol yn gosb, wedi eu cau allan o bresenoldeb yr Arglwydd ac o ogoniant ei nerth ef." 2 Thes. 1:9

(5.) Eu hanobaith llwyr o gael rhyddhad nac esmwythdra i'r radd leiaf am byth: "Bydd mwg eu poenedigaeth yn codi byth bythoedd, ac ni bydd gorffwys na dydd na nos." Dat. 14:11; Es. 57:21.

264. *Beth ddylai ystyried y pethau yma ein dysgu ni?*

(1.) I weld y drwg mawr sydd mewn pechod ei fod yn haeddu'r fath gosb ofnadwy: "Oni wna Barnwr yr holl ddaear farn? – A yw Duw yn gwyrdroi barn? A yw'r Hollalluog yn gwyro cyfiawnder? – Nid yw yr Arglwydd yn gweled yn dda wneuthur cam â gŵr yn ei fater (BWM)." Gen. 18:25; Job 8:3; Galar. 3:36.

(2.) I gydnabod trugaredd rhyfeddol Duw'n trefnu noddfa (sef Crist) i ffoi iddi rhag y llid a fydd: "Dychwelwch i'ch amddiffynfa, chwi garcharorion hyderus." Sech. 9:12

(3.) I wneud tynged ein heneidiau'r peth pwysicaf tra byddom yn y byd: "Pa elw a gaiff rhywun os ennill yr holl fyd a fforffedu ei fywyd? Neu beth a rydd rhywun yn gyfnewid am ei fywyd?" Math. 16:26; Salm 49:8.

(4.) I weithio'n ddyfal am iachawdwriaeth pechaduriaid: "Disgleiria'r deallus fel y ffurfafen, a'r rhai sydd wedi troi llawer at gyfiawnder, byddant fel y sêr yn oes oesoedd." Dan. 12:3

PENNOD 17
AM DDYDD Y FARN

265. *Pryd bydd dydd barn?*

Yn niwedd y byd hwn: "Yn union fel y cesglir yr efrau a'u llosgi yn y tân, felly y bydd yn niwedd amser. Bydd Mab y Dyn yn anfon ei angylion, a byddant yn casglu allan o'i deyrnas ef bopeth sy'n peri tramgwydd, a'r rhai sy'n gwneud anghyfraith, a byddant yn eu taflu i'r ffwrnais danllyd; bydd yno wylo a rhincian dannedd." Math. 13:40-42

266. *Pam ordeiniodd Duw farn gyffredinol?*

(1.) Er mwyn dangos Crist, a ddirmygwyd yn y byd, yn ogoneddus yng ngŵydd pawb: "Oherwydd y mae Mab y Dyn ar ddyfod yng ngogoniant ei Dad gyda'i angylion, ac yna fe dâl i bob un yn ôl ei ymddygiad." Math. 16:27 a 24:30.

(2.) "Daw, yn y Dydd hwnnw, i'w ogoneddu gan ei saint ac i fod yn destun rhyfeddod gan bawb a gredodd." 2 Thes. 1:10

(3.) I ddangos bod rhagluniaeth Duw i bawb yn gyfiawn: "Hefyd gwelais dan yr haul fod drygioni wedi cymryd lle barn a chyfiawnder. Ond dywedais wrthyf fy hun, 'Bydd

Duw yn barnu'r cyfiawn a'r drygionus, oherwydd y mae wedi trefnu amser i bob gorchwyl a gwaith."' Preg. 3:16, 17; Rhuf. 2:6; 2 Cor. 5:10.

(4.) I ddangos bod ei farn yn uniawn: "Wrth ddilyn ystyfnigrwydd dy galon ddiedifar, yr wyt [ddyn] yn casglu i ti dy hunan stôr o ddigofaint yn Nydd digofaint, Dydd datguddio barn gyfiawn Duw." Rhuf. 2:5

267. *Ym mha fodd daw Crist i farn?*

(1.) Mewn modd mawreddog iawn: "Gwelais orsedd fawr wen a'r Un oedd yn eistedd arni, hwnnw y ffoesai'r ddaear a'r nef o'i ŵydd a'u gadael heb le." Dat. 20:11 a 1:7.

(2.) Mewn modd gogoneddus iawn: "A disgwyl cyflawni'r gobaith gwynfydedig yn ymddangosiad gogoniant ein Duw mawr a'n Gwaredwr, Iesu Grist." Tit. 2:13

(3.) Yn sydyn: "Pan fydd pobl yn dweud, 'Dyma dangnefedd a diogelwch', dyna'r pryd y daw dinistr disymwth ar eu gwarthaf fel gwewyr esgor ar wraig feichiog, ac ni fydd dim dianc iddynt.'" 1 Thes. 5:3; Math. 24:44.

268. *Pwy ddaw gyda Christ i'r farn?*

(1.) Ei holl saint: "Yna bydd yr ARGLWYDD fy Nuw yn dod, a'i holl rai sanctaidd gydag ef." Sech. 14:5

(2.) Yr angylion: "A rhoi esmwythâd i chwi sy'n cael eich gorthrymu, ac i ninnau hefyd, pan ddatguddir yr Arglwydd Iesu o'r nef gyda'i angylion nerthol. Fe ddaw mewn fflamau tân, gan ddial ar y rhai nad ydynt yn adnabod Duw a'r rhai nad ydynt yn ufuddhau i Efengyl ein Harglwydd Iesu."   2 Thes. 1:7, 8

269. *Pam penodwyd Crist i fod yn farnwr?*
Am ei fod yn perthyn i'w swydd gyfryngol i farnu yn ogystal â phrynu ei bobl: "Nid yw'r Tad chwaith yn barnu neb, ond y mae wedi rhoi pob hawl i farnu i'r Mab. – Rhoddodd iddo hefyd awdurdod i weinyddu barn, am mai Mab y Dyn yw ef."   Ioan 5:22, 27; Act. 17:31.

270. *Pwy fydd yn cael eu barnu?*
(1.) Yr angylion a syrthiodd: "Cofiwch yr angylion hefyd, y rhai a wrthododd gadw o fewn terfynau eu llywodraeth ac a gefnodd ar eu trigfan eu hunain, iddo ef eu cadw hwy yn y tywyllwch mewn cadwynau tragwyddol, i aros barn y Dydd mawr."   Jwdas 6

(2.) Holl ddynoliaeth: "Oherwydd rhaid i bawb ohonom ymddangos gerbron brawdle Crist, er mwyn i bob un dderbyn ei dâl yn ôl ei weithredoedd yn y corff, ai da ai drwg."   2 Cor. 5:10

271. *Wrth ba nodau bydd Crist yn gwahaniaethu rhwng y cyfiawn a'r anghyfiawn yn y farn?*
(1.) Bydd y duwiol yn wybyddus wrth eu ffydd a'u ffrwythau: "Oherwydd [medd Crist wrthynt] bûm yn newynog a rhoesoch fwyd imi, bûm yn sychedig a rhoesoch ddiod imi, bûm yn ddieithr a chymerasoch fi i'ch cartref; bûm yn noeth a rhoesoch ddillad amdanaf,

bûm yn glaf ac ymwelsoch â mi, bûm yng ngharchar a daethoch ataf." Math. 25:35, 36

(2.) Bydd yr annuwiolion, y gorau ohonynt, yn amlwg wrth eu diffyg o ffydd a'u ffrwythau iachusol; bydd Crist yn dweud wrthynt, "Ewch oddi wrthyf, chwi sydd dan felltith, i'r tân tragwyddol a baratowyd i'r diafol a'i angylion. Bûm yn newynog ac ni roesoch fwyd imi, bûm yn sychedig ac ni roesoch ddiod imi; bûm yn ddieithr ac ni chymerasoch fi i'ch cartref, yn noeth ac ni roesoch ddillad amdanaf, yn glaf ac yng ngharchar ac nid ymwelsoch â mi." Math. 25:41-43

MYNEGAI TESTUNOL

Apost. = Credo'r Apostolion

Nic. = Credo Nicea

Ath. = Credo Athanasiws

Heid. = Catecism Heidelberg, â rhif y cwestiwn yn dilyn

West. = Catecism Byrraf Westminster, â rhif y cwestiwn yn dilyn

Hyff. = Hyfforddwr Thomas Charles, â rhif y cwestiwn yn dilyn